王欣夫先生遺稿

李慶 編

管子校釋

復旦大學出版社

『十四五』國家重點出版物出版規劃項目

前言

這裏編入的，是五種王欣夫先生遺存的著述：

《元貞本論語註疏攷證》
《許廎經籍題跋》（彙輯整理）
《王隱晉書》（輯佚）
《積書岩摹古帖題跋》（彙輯）
《管子校釋》

王欣夫（一九〇一—一九六六）名大隆，號補安，以字行。祖籍浙江秀水（今嘉興市），其祖寓居江蘇吴縣（今蘇州），爲吴縣人。生前是復旦大學的教授，爲近代著名文獻學家，著述甚富。

這是徐鵬師和王欣夫先生的哲嗣王啟棟先生託付給筆者的王欣夫先生遺著的一部分。有關各書的情況，可見各書前的提要。

王欣夫先生遺存的著述和原來蛾術軒藏書的留存情況，筆者在《蛾術軒篋存善本書録》標點本和影印本的兩種《前言》中，曾做了一些介紹。但那些書的傳佈範圍有限，爲了便於讀者瞭解，根據筆者所知，再做一些簡單地補充介紹。

王欣夫先生生前，已經編輯出版過不少著作，如和友人共同編纂的《八年叢編》，他收輯的顧千里《思適齋題跋》、編纂的黄丕烈和顧千里的《黄顧遺書》，整理的胡玉縉的《許廎學林》《四庫全書總目提要補正》等。此外，還有大量的成果有待出版，如他重新整理成書的《惠棟集》《顧千里集》《黄丕烈集》，胡玉縉的《許廎遺書五種》等。這些著作原稿，有的存於出版社，如《顧千里集》《黄丕烈集》；有的被要求退修，如《惠棟集》《許廎經籍題跋》；還有的存於家中。

『文革』初期，一九六六年秋冬之際，王欣夫先生去世。手稿、藏書等都存放在復旦大學分配給王先生的原住處。後來，工宣隊入校，該隊領導下令，王欣夫的藏書，包括他的著述、整理的手稿、抄本等所有文獻，要全部搬出。因爲該處房屋要給其他職工居住。『房子是給人住的，不是放書的。』王欣夫先生的夫人聞訊，一面急着想辦法處理，一面通知了徐鵬先生，並委託徐鵬先生處理這些資料。那時，復旦大學中文系高年資的教授，配有助手，以傳承他們的學術專業。徐鵬先生是王欣夫先生的助手。徐鵬先生聞訊，報告了系裏的領導，並向歷史系教授譚其驤先生請求幫助。譚先生是王欣夫先生的朋友，當時主持國家科研項目《中國歷史地圖集》的編纂，他把此事告知了當時在上海市分管文教系統工作的朱永嘉先生。因朱永嘉先生是復旦大學歷史系畢業的，知道王欣夫先生所藏文獻的價值，就指示復旦大學收下這批典籍。

於是，復旦大學才准許收存這批文獻。

在這期間，王欣夫先生的家屬，曾和上海的古舊書店聯繫，取出了一部分藏書，送到那裏。餘下的藏書，經徐鵬先生和中文系領導商量，得到同意，從住所搬到中文系的一個辦公室中暫時堆放。徐鵬先生和當時中文系的領導一起，找出了一些王欣夫先生的主要著述稿本、日記等收藏，準備以後整理。後來，放在中文系的那些圖書又轉到了復旦大學圖書館。

這樣，王欣夫先生的遺留文獻，大致就分成爲這樣三部分：

一部分藏書，經上海古舊書店，流傳到了社會上。筆者未進復旦大學時，在工作之餘，常跑書店。記得在福州路的舊書店，曾看到過一部王欣夫先生批校的《郡齋讀書志》，當時尚不曉先生業績，且囊中羞澀，故未購下。今日回想，猶感遺憾。其他流傳市井的藏書，當還有不少。

另一部分，存復旦大學。其中有大量王先生的藏書、批校過的文本、不少江南地區著述的抄本和已經彙輯成書的著述，對照《蛾術軒篋存善本書録》便可知曉。王先生有個習慣，一部文稿，爲了防止流失，往往會花錢請人謄抄一份或兩份。所以現存於復旦大學圖書館的王欣夫先生的藏書中，會有和其原稿相同或相近的文本。近年不少整理出版的復旦大學所藏和王欣夫先生有關的文獻，大多出於這部分藏書。有的署上了王先生之名，有的則未署。可惜的是，復旦大學圖書館當時没有把先生的書設立專櫃收藏，有些書散雜在其他的藏書中了。

還有一部分，由徐鵬先生收藏。後來，徐鵬先生把王先生視爲鎮庫之寶的《積書岩摹古帖》、先生的日記、稿件等，歸還給家屬。家屬收藏的《摹古帖》、日記，流入市場，在市場上頗受歡迎。還有一些文稿，王先生的哲嗣王啟棟先生尊重母親原先的意見，仍請徐鵬先生處理，留存徐先生處。

這些文獻中，徐鵬先生整理出版了《文獻學講義》《藏書紀事詩補正》，並和鮑正鵠先生一起整理標點了王先生的代表著作《蛾術軒篋存善本書録》，由上海古籍出版社出版。並曾和學生一起整理出《蛾術軒篋存善本簡明目録》，油印若干，供學生學習和有關者參考，筆者曾參與其事。筆者後來也策劃整理出版了《顧千里集》，由中華書局出版。並由上海人民出版社影印出版了《蛾術軒篋存善本書録》的原稿本，受到好評。其他一些著述和散亂的文獻，徐鵬師因爲工作及健康原因，未及整理。在二十一世紀初，將這部分文獻，託付給筆者。

除了上述已經出版的，筆者對所收的王先生的著述，一直不敢忘懷。每當回想起先生們託付給我這些文獻時的神情，總感到責任的沉重。時而翻閲，並和友朋商討處置的方法。

這部《叢書》所收的著述，有的是王欣夫先生自己的著作，有的是彙集而成的前人之作，有的是親筆原稿，有的是請人抄録的稿本，有的是在稿本上又加以校改的本子，有的是稿本的影印件。大多没有明確的時間，據筆者推斷，成書的年代前後不一，前後相距幾十年。面對這些遺著，可以感受到先師立世治學的人生軌跡。

欣夫先生年輕時期，主要接受的是傳統經學教育，關注《四書》《五經》。《元貞本論語考證》，是這個時期學習研究的結晶。這一時期，欣夫先生曾師從金松岑，受到當時新思潮的影響。

中年時代，欣夫先生當然感受到社會的動盪。他當時所做的，正如傅增湘先生在《辛巳叢編序》中所言：『甲子（按：一九二四年）以後，家國多故，往日流風，寖以銷歇。未幾，欣夫乃會集同志，起而振之』，收集遺篇，彙聚出版，『甫閲數年，干戈忽起。艱難支拄，以迄於今』。並引用温廷敬《庚辰叢編序》中語，稱欣夫先生『拮据籌維，堅韌弘毅不可及』，『今大戰勃發（按：指太平洋戰爭），時局全非，財力之耗竭，百物之騰昂，非意計所可料』，典籍的出版費用『十倍前時』，依然『百計補苴，力肩此舉』，歷經各種波折，『傳古之業，艱巨如斯』，給與了欣夫先生相當高的評價。

民族存亡之際，王欣夫先在《八年叢編》中努力保存的這批歷史文獻資料，如《靖康稗史七種》《吳三桂記略》等，雖説其中有些著述的真僞，學界還有不同意見，但不乏可供研究參考者。而且，其中是否也包含着王欣夫先生内心蘊藏的、希望社會不忘這些歷史教訓的情懷呢？

中年以後，欣夫先生受先賢之託，整理遺稿。本書所收《許廎經籍題跋》，以及已經刊行的《許廎學林》《四庫全書總目提要補正》等，都是這一時期的産物。輯佚的《王隱晉書》，或也是這一時期之作。

中華人民共和國成立以後，先生學習了新的思想，對早年的著述，做了整理和總結。同時，也關心新的學術動態，《管子校釋》是這個時期的産物。

晚年，先生對自己的著述做了總結歸納。《蛾術軒篋存善本書録》是其代表作，而《積書岩摹古帖題跋》或也是在這一時期彙輯而成。

各個時代、每個人的人生追求、價值觀念都不盡相同。綜上所述，在這百年的時代大潮中，王欣夫先生自然不是站在風口浪尖上的弄潮兒。他被社會大潮挾裹著，並非指導時代方向的先鋒。但是，這並不意味着他没有自己的人生理念和價值判斷，没有對自身人生方式的選擇。

他做着自己力所能及的事，一生不離不棄，不隨波逐流，不見異思遷。在他遺留文字的字裏行間，可以感受到他在國家受到外敵侵略時的立場，可以察看到他追隨時代前進的足跡，可以領略到他秉存的道德理念及現實生活中的愛好和追求。先生的哲嗣王啟棟生前告訴筆者，他們兄弟四人，有的在美國、有的在我國香港、有的在内地，在醫學、建築、文物、電氣等領域，都學有所成，有所建樹。王欣夫先生爲此感到欣慰。這反映了他的家教，由此也可以看出王欣夫先生爲人的一個側面，映現了那個時代知識分子的一種生活方式。人間社會本來就是由各種不同類型的人物組成的。

在百年前，王欣夫先生做了選擇，一心一意，在古典文獻領域中，努力收集、執着探究。在二十世紀五十年代初，當時在文化部擔任領導職務的一位著名學者，想請他到北京大學任職，他謝絶了。可見，他即使有機會，也不企攀高枝，見異思遷。他留下的學術著述，保存彙輯的衆多文獻典籍，有的已被整理出版，還有不少尚待整理。在歷史的進程中，由於各種社會的、政治的、個人的原因，許多人和事都被抹殺或被遺忘，消散在歷史的長河中。但也總有人自覺地、或無意地把歷史上發生的事件、存在人物的有關文獻保存下來。這些文獻在當時或並不顯眼，無多實際用處，然而，任何人都無法斷言這樣的文獻可能具有的價值。這也許就是許多歷史文獻得以存在的原因和理由。

『人有遇與不遇，書也有遇與不遇』，每念及王先生這樣的話語，就令人感到一種淡然的超脱。這是先生對現實功利的一種態度。

對於王欣夫先生的著作和留存的文獻，二〇一一年，先生誕辰一百二十週年時，復旦大學舉辦過一個紀念活動，據説打算出版王欣夫先生的日記等。出版的事，後來具體進展如何，筆者因在海外，尚不得知。筆者在會上應邀做了書面發言。其中有這樣一段話：

在某種意義上，這也是對半個多世紀前，復旦大學處置王先生藏書的一種正式的反思。王先生的藏書文獻，從被棄之街頭到展於廳堂，經過時光的驗證，證明了這些藏書的價值，證明了王先生以其一生奉獻的學術事業的價值，也顯現了半個世紀以來，中國社會環境的變化和觀念的進步。

或可供大家共同思考。

王欣夫先生幾十年間被視爲『絶學獨傳』，鮮有人問津。他在近代中國學術史上的業績，漸漸被社會和學界認知。作爲再傳弟子的筆者，自然感到由衷的欣慰，雖然這未必是王欣夫先生追求的目標。

近年來，王先生的藏書和當初被棄置的文獻，受到的關注度在提升。有不少藏書已被用各種形式出版。有些年輕的朋友着手整理的一些著述，因爲目前現實的出版狀況，尚未刊出。復旦大學出版社的編輯顧雷，多年關注王欣夫先生的遺著，數次和我談起要出版這些遺稿，希望能够儘快出版。在這樣的情況下，我整理編輯了這部叢書。按理，應該對這些著述再做進一步整理研究，但隨着年齡的增長，精力的衰退，感到力不從心，因此採用影印的方式，先將著述按其原樣公諸於世。或可供有意願的同仁整理研究。在編纂的過程中，自然有許多不足之處，期待着方家的批評指正，也期待有更好的整理文本出現。

李慶

二〇二四年春草於東京，七月修改

目録

管子校釋

《管子校釋》稿本提要

李　慶

《管子校釋》全書用行書書寫在藍絲欄、學禮齋的稿紙上。文武雙邊，半葉十一行。版心下部，有『學禮齋稿本』的宋體字標記。首頁署：吳縣（小字雙行注：原籍秀水）王大隆學，有白文『大隆』方印、朱文『欣夫』方印。

這是現存蛾術軒遺書中，難得的王欣夫先生著作原稿。全部爲王欣夫先生親筆手書，彌足珍貴。

《管子》一書，舊題周管仲撰。漢劉向校録，爲八十六篇，後佚十篇。宋《崇文總目》著録。《四庫全書總目提要》據宋劉恕《通鑑外紀》所引《傅子》説，認爲此書多爲後來好事者所加。宋葉適也指出，此書非一人一時之書。自秦漢以來，此書多受關注。其中唐代『房玄齡注』尤爲流傳。晁公武《郡齋讀書志》指出，注釋實際是唐代尹知章所作，後人或因尹知章名聲不顯，託名房玄齡。

王欣夫先生的《校釋》，用力甚勤。參考各種資料，校覈原文，加以注釋，多有心得。

如《立政第四》『不足守也不足恃也』，先生校曰：『宋蔡本兩也字脱。』《水地第三十九》：『男女精氣合而水流形』，先生校曰：『《御覽》引無氣字。』可見先生不僅根據不同文本，還參照各種類書所引，來校覈原文。

除了對原文的校訂、解釋以外，對於尹知章的《注》，也加以辯證、補充。

如《四稱第三十三》『見賢若貨』，先生曰：『尹《注》云，其見賢人，無敬慕之心，反欲規利若求貨然。隆按，尹説非也。貸當爲貸。涉上下文貨字而誤。貸字或貣，又作忒。《爾雅·釋詁》曰：貣，疑也。《詩·鳲鳩》：「其儀不忒。」《毛傳》曰：「忒，疑也。」古字作貣，今通作貸。貸與貨形近正相似。貸之誤爲貨，猶貣之誤爲貳矣。云「見賢若貸」者，言見賢者若疑而勿用也。若依《注》作貨字解，於義不通矣。』

可見是費了相當功夫在思考的。

此書稿無序跋，根據王先生的《日記》記載，寫成是在一九五六年。這與先生和郭沫若先生商榷探討《管子》版本諸問題有關。

中華人民共和國成立以後，郭沫若先生的社會地位、從事的工作及個人的心態，有一個變化的過程。一九五二年，郭沫若先生從副總理轉任人大副委員長，心情有所變化。曾在給友人的信中説：是被當成了『統戰對象』，『特别在解放以後，覺得空虛得很。政治上不能有所建樹，著述研究也完全抛荒了，對着突飛猛進的時代，不免瞠然自失』（一九五二年給邵祖平的信）。於是重拾學術研究。他接手了許維遹、聞一多於三四十年代開始整理著述的《管子校釋》，一九五四年前後，出版了《管子集校》。

出版以後，引起了對《管子》有研究的王欣夫先生的關注。他認真地研究了郭沫若先生的著作，對其中一些問題，提出了不同的看法。主要問題有兩個：一是有關楊忱序本的版本問題，二是《管子補注》作者劉績的時代問題。他的想法，被當時任文化部副部長的鄭振鐸得知，鼓勵他寫出。在論文發表前，先給郭沫若看過。郭沫若先生表示支持他的論文發表，同時又提出了反駁意見。論文發表在《學術月刊》雜誌，這是中華人民共和國成立以後，王欣夫先生難得一見的學術論文。這也反映了當時學術風氣的一個側面。故將此論文附於後，以便參考。

總而言之，這部《管子校注》，是對《管子》做了縝密的校勘研究的結果，是王欣夫先生《管子》研究的結晶。不僅對於《管子》研究，而且對於瞭解二十世紀五十年代前期的中國學術界狀況，都有相當的參考價值。

爲了更清楚地反映該稿本的真相，特地對此書用彩色印刷，雖然從《王欣夫先生遺稿》叢書體例上説，略有差異，但作爲編者而言，還是樂見其成。也請讀者鑒諒。

管子校釋卷一

吳縣原籍秀水　王大隆學

牧民第一

上服度則六親固　案服讀如詩曾是在服之服毛傳服服政事也爾雅服事也尹注非

在飾四維　案飾讀飭古字通易坤釋文飾或作飭

則倉廩不盈　戴望云太平御覽居處部十卷一百九十資產部十六卷八百三十六引此均無廩字隆案疑管子古本如是倉不盈與財不生對文

則民乃菅　尹注菅當爲姦隆案尹謂菅爲姦之假借郭璞注山海中山經云姦亦菅字說文姦古文作悬

右國頌　尹注頌容也隆棠頌容古今字

四曰恥　隆棠賈子俗激篇作醜醜恥一聲之轉國策呂覽注醜恥也

故知予之為取者　史記管晏列傳云俗之所欲因而予之又云故曰知與之為取政之寶也隆棠予與古今字說文予推予也

患無人以分之　黄震云分如分地之利之分

無私者可置以為政　丁士涵云為政與上為長對文政當讀為正爾雅釋詁正長也隆棠丁說是也古政正通用周禮凌人注故書正為政左桓十八年傳兩政閔二年傳外寵二政墨子尚同上篇夫明虖天下之所以亂者生於無政長皆是假政

為正爾雅釋詁郭注正伯皆官長吉謂官長曰正左昭二十九年傳木正曰句芒杜注正官長也是以庶官之長曰庶正詩雲漢鄭箋其先君長則曰先正禮緇衣鄭注此云可置以為政與可立以為長同義權修篇云百姓殷衆官不可以無長操民之命朝不可以無政文義與此同

丢於財者失所親　崇集韻吝古作丢漢魯恭王傳注顏師古曰遴與丢同猶言貪嗇也

形勢第二

則沈玉極矣　戴云宋本玉作王古玉字隆業立政九敗解故曰毋金玉貨財之說勝輕重已篇搢玉總帶玉監宋本皆作王說文王象三玉之連丨其貫也作王者從小篆也〇古

以中畫近上爲王字王三畫正均即玉字

上無事則民自試　戴云元刻則作而與後解合洚案當據改

下文抱蜀不言而廟堂既循句法一例

抱蜀不言　宋本附音蜀音猶洚案猶乃獨字之訛廣雅蜀弌也方言蜀一也南楚謂之獨郭注云蜀猶獨耳抱蜀即老子抱一

鴻鵠鏘鏘　戴云後解鏘鏘作將將將將古字鏘鏘今字洚案詩釋文（庭燎烝民韓奕）將本或作鏘管子古本當作將閟宮正義引王肅將將威美也廣雅釋訓鏘鏘威也

飛蓬之問　案陸氏釋文聞本作問凡屢見禮記樂記釋文聞聲問與尹注合後解飛作蜚假借字

案宋楊忱本作訾

犧牷圭璧　案說文圭古文作珪（圭後解作珪）管子古本當是珪字元本璧作璧

召遠者使無爲焉　丁云召讀爲招廣雅釋言招來也欲來民者先起其利雖不召而民自至隆案來如勞來之來後解云欲來民者來字正釋召字

訾食者不肥體　戴云宋本朱本訾皆作𩚄與後解合丁云集韻引亦作𩚄玉篇𩚄嫌食貌隆案廣韻𩚄疾移切嫌食貌集韻𩚄蔣氏切嫌食而多惡食也引管子作𩚄是其證後解亦作𩚄不誤尹注與廣韻同此無注者或尹所見本作訾不作𩚄也因疑管子古本亦是訾字訾誤爲𩚄由來已久後解云𩚄訾者多所惡也又云食者所以肥體也

訾訓惡不訓惡食可知作訾不作餥矣今本後解誤作餥云餥者多所惡失其惜矣然則此篇訾字不當據宋本朱本廣韻玉篇集韻定改作餥也

而猨㹶飲焉　劉注云解作蝯蝚古字同隆案說文作蝯夒玉篇猨亦作蝯集韻㹶或作夒通作㹶說文以蝚爲蛭蝚字

無廣者疑神　案廣讀曠呂覽無義篇則無曠事矣注曠廢也○權修篇舉事如神惟王之門列子黃帝篇孔子顧謂弟子曰用志不分乃疑於神注分猶散意專則與神相似者也

神者在內　吳志忠云神上當補疑字

在內者將假　戴云假當作徦說文徦至也方言徦狢至也邠唐冀兗之閒或曰徦曰或狢隆案狢古格字徦今方言作假蓋徦

之借字

曙戒勿怠　案說文睹旦明也文選魏都賦注引作曙廣雅曙明也

莫知其釋之　戴云宋本釋作澤後解作舍王念孫云澤釋古字假借後人不知而妄改之當從宋本隆案朱本後解作釋乘馬篇雪釋即夏小正雪澤小問篇語曰澤命不渝即鄭風舍命不渝說文捨釋也

異趣而同歸　陳奐云趣後解作起誤隆案朱本後解是趣字

雖成必敗　案後解作雖大必削誤敗與大韻

權修第三

臺榭廣也　臺榭廣　戴云劉本榭作謝說文有謝無榭劉本是隆案朱本亦俱作謝荀子王霸篇臺謝甚高楊倞注謝榭同左傳釋文榭本亦作謝

舟車飾　案宋本飾字脫

班祿賜予　案宋蔡本予作民吴云民乃爵字误

上下淩節　戴云宋本淩作凌隆案說文夌越也左傳上陵下替禮記檀弓樂記不陵節蓋夌正字淩凌陵皆假借字

上好詐謀閉欺臣下賦歛競得　案得讀㝵說文㝵取也敓彊取也引周書敓攘矯虔今呂刑篇敓作奪㝵敓奪三字同聲競得猶爭奪也左襄十年傳注競爭競也莊子齊物論有競有爭

得與欺韻

使民偷壹　戴云宋本壹作一下文壹民同隆案尹注云偷取一時之快所見本作一牧民篇不處不可久者不偷取一世也

好用巫毉　戴云元刻本毉作醫古字通隆案周官巫馬之職掌養疾馬而藥治之相醫而藥攻馬疾海內西經開明東有巫彭巫抵巫陽巫履巫凡巫相巫窫窳之尸皆操不死之藥以距郭注皆神醫也引世本云巫彭作醫說文亦云古者巫彭初作醫呂覽盡數篇故巫醫毒逐除治藥之可悟毉字從巫之義而巫毉之即為醫矣楚辭天問巫何活焉王逸注言鯀死後化為黃熊入於羽淵豈巫醫所能復生

活是巫亦統稱巫醫合於管子之巫毉矣揚子太玄玄數
篇為毉為巫祝毉亦巫也
有獨王者　案宋本王作主誤形勢篇獨王之勞而多禍尹注獨
王謂無四鄰之援也
莫如樹穀　案意林類要引三如字皆作若
教訓成俗而刑罰省數也　案管子多以數也二字為句數
音色具反舊注音所角反則當訓促數與省字不相屬宋
本無所角反三字是也
立政第四
不足守也不足恃也　案宋蔡本兩也字脫
道塗無行禽　黄震云行禽指人言謂能行之禽注讀去聲非

隆案史記李斯列傳此篇觀視肉人面而能強行者耳節本

管子

不可以授國柄　案宋本無以字

國之危也　案宋本也字脱

兵主不足畏　案宋本畏作威古通用

罰有罪不獨及賞有功不專與　案宋本及賞二字互易誤

死罪不赦　案宋本死罪作罪死是也下文同正作罪死

然後可以布憲　案宋本全書後作后

令必先出曰事將為　吴云曰當為凡　案曰發聲助詞

視肥墝　案墝與磽通説文磽磬石也

由田之事也　惠棟云由輔也韓詩云橫由其畝東西耕曰橫

南北耕田由隆案荀子王制篇作治田注治田田畯也據禮記月令命田舍東郊則田畯亦單稱田恐是一本譌由寫者併入之

上完利　案上與尚同

舟車陳器有禁　案陳古陣字

資生則有軒冕　吳云資疑使字誤

壙壟之度　董子壟作襲

而夫人不敢以燕以饗廟將軍大夫以朝官吏以命士止于帶緣　劉績云將軍下有闕文誤字陳奐云劉續非也幼官篇八分有職卿相之守也十官飾勝備威將軍之守也卿相將軍並言與此同隆案賈子孼産子篇是古者天子后之服也后

之所以廟而不以燕也漢書賈誼傳古者天子后服所以廟而不宴者也顏師古曰廟則服之宴處則不著蓋貴之也管子廟上疑有脫字董子作公以廟近之將軍大夫下亦當依董子作不得以燕饗其餘無可是正○又案管子單出廟字當依董子作公以廟將軍大夫不得以燕饗上下凡補十一字其將軍大夫以朝六字管董所同朝字疑當作廟將軍大夫以廟與董子公以廟句法一例官吏以三字當作官吏不得以燕饗與董子將軍大夫不得以燕饗句法又一例依宋翔鳳說將軍大夫為上大夫則官吏指下大夫言之矣將軍大夫亞於公官吏又亞於將軍大夫也

百姓舍已以上為心者　案鶡冠子天則篇舍作釋

事者生於慮　吳云事者當作市事隆業事疑市字誤

天道之所期也　吳云天當爲大隆業天疑者字誤屬上讀

乘馬第五

地不平均和調　戴云御覽三十六地部引作均平隆業尹注亦作均平

長短大小盡正　戴云宋本作小大上文次序本如是隆業長短疑亦當作短長合管子全書例

命之曰地均以實數　丁云地均土均也即管子地員隆業詩玄鳥景員維河傳員均也疏員讀爲圓說文圓圜全也讀若員管子有地員篇地員即土均周禮廋人正校人員選員選即均齊是員爲均也長發幅隕既長傳隕均也疏隕員皆圓之假借字箋云隕當作圓圓謂周也　周禮大司徒以土均之灋

一乘者四馬也一馬其甲七其蔽五四乘其甲二十有八其蔽二十
乎卒十馬未所用不得有七甲五蔽十馬當為一乘[illegible]丁云
十乘甲七十人若七甲又疑太少不給於用王改一馬為十乘非
也十文四馬乘當是四馬之誤其文十乘四馬句正則起甲十蔽
之卒數合數十甲蔽而以馬計者古人文法之變若能知
乘四甲蔽之數何必再以四計之若然以十計之以五計之亦
可集甲七十人而有十十八甲二十蔽者多為之備恐有敝壞
本朱葉也〇蔽疑非爾雅輿後之蔽蓋即後之藤牌矣
攷
其貨一穀籠　戴云朱本籠作寵隆案管子古本疑是寵字
命之曰正分春曰書比　丁云趙本正字絶句案疑當分字絶句春

曰書比與秋曰大稽一例隆案正分者即本篇云與之分貸則民
知得正矣之義
十仞見水不大潦　尹注大潦一本作大績繼也預貯水也隆案論
語疏引家語申續史記正義作申繚
丈夫二犂　案說文作𥝠云耕也俗省作犂釋名犂利也利發土
絕草根也二犂其耦耕與
農耕及雪釋　夏小正作農及雪澤隆案據此知農亦耕也廣
雅農耕也詩載芟其耕澤〻箋云耕之則澤〻然解散釋文
澤〻音釋〻正義引爾雅釋〻耕也今爾雅作郝〻
則視貨離之實而出夫粟　陳云貨當從宋本作貸言視其功
有貸離之實使出夫粟也貸離猶差貸也月令曰宿離不貸

又曰命婦官染采黼黻文章必以法故毋或差貸是其義隆案說文忒更也从心弋聲差忒也參差不相值也貣从人求物也然則貣爲忒之假借字貸又貣之俗說文各本又有忒貸二篆段氏以爲淺人所增是也貸離即差貸離差曡韻

辟則愚閉則類　案辟即闢之假借字本書假辟爲闢者甚多闢閉對文此二句之義即論語所謂民可使由之不可使知之也尹注讀辟爲淫辟非王氏改閉爲閑亦非

宋本附音

拘九禹切　案拘疑即形勢篇抱蜀之抱豈古本作拘與

蜀音獨　案蜀即形勢篇抱蜀猶乃獨字之誤方言蜀一也南楚謂之獨郭注蜀猶獨耳宋本音獨因聲以見義

絟七全切　案絟疑即形勢篇犧牷之牷形近而譌

纍彼各切　立政篇方六里命之曰纍即此

比必畀切　立政篇春曰書比即此

七法第六

水土之性　案宋蔡本土作士

不明於象而欲論材審用　案論讀掄古通用

猶朝揉輪　案揉說文作煣云屈申木也易繫辭傳作揉漢書食貨志作煣　考工記亦作揉

不明於決塞而欲敺衆移民　案宋蔡本敺作毆與漢書食貨志毆民同劉本亦是毆字

而欲經於水險也　案經與徑同廣雅釋言經徑也

威傷則重在下　宋蔡本威作衆隆案衆字涉上衆字而誤此句承百匿傷上威威字不誤

不為愛親危其社稷　丁云當作不為親戚危其社稷法法篇兩見皆為親戚隆案上文云致所親非戚也則此從丁説是此愛字涉下文愛人而譌

不為重祿爵　隆案上下文並言爵祿此不宜倒置

左右大族　隆案宋蔡本大作六

存乎聚財而財無敵　隆案財與材通古

存乎論工　隆案論讀掄

王道非廢也　吳云非疑雖字誤隆案改雖不若改唯古雖唯二字通用

衛庫者天子之禮也　戴云或云衛庫二字乃行軍之諱隆案
國語國馬足以行軍史記司馬穰苴傳入行軍勒兵申明約束
孫子不知山林險阻沮澤之形者不能行軍是其證
是以聖王貴之　元本王作主誤
不試不藏　戴云宋紹興本即蔡本藏作臧隆案臧古藏字管
子全書多用古臧字
莫害其後　棨害讀如車轄有禁禦之義
~~而莫之敢御也　棨御古禦字~~
若夫曲制時舉　丁云曲制見孫子孫子言兵本管子隆案
制讀折折制同聲古通用鶡冠子能天篇小大曲制無所
遺失曲制即曲折也鶡冠子亦多用管子可據為證○又

官無常　丁云：常讀爲長，幼官篇五常備，然即五長也。權修篇云：百姓殷衆，官不可以無長。隆案：官無常，兵法篇同，按常讀爲長，訓官長之長。說文以常爲裳本字，經典借爲久長字，管子借爲官長字。常與長音義同。詩文王箋：長猶常也。廣雅：長，常也。久長之長與官長之長，二音古亦相通。權修篇云：萬乘之國，兵不可以無主；土地博大，野不可以無吏；百姓殷衆，官不可以無長；操民之命，朝不可以無政。主、吏、長、政四者皆官長之稱。此篇言兵無主，地無吏，官無常，朝無政，則常即權修之長矣。幼官篇五常備，然五常亦即五長，五正長備具，然五之見義，此尤明證也。丁說未備，爲申之如此。

出號令　宋本號作号，假借字。

、案曲事也。禮器注：曲猶事也。淮南繆稱注：一曲，一事也。曲制即事制也。七法篇：不明於計數而欲舉大事。又云：舉事必成，不知計數不可。下文言其數多少，其要必出於計，亦此意也。

版法第七

風雨無違　後解云：物無遺者，欲見天心明以風雨，故曰風雨無違。隆案：遺、違二字必有一誤，疑皆作無遺。物無違者三句，正釋風雨無遺四字。物無遺上承無遺利言之。○又案：後解物無遺當改爲違，涉上無遺利而誤。風雨無違，天心之不違也。易：先天而天不違。詩：帝命不違。似亦通。

必先順教　案順、訓二字古多通用。版法解：不教順則不

鄉意又云明教順以道之晏子內篇諫上不能順教以至
此極亦作訓教解與管子合
用財嗇則費　案費讀拂重令篇毋上拂之事霸形篇寡人
不善將拂於道說文咈違也咈正字費拂皆假借字竝以
拂為聲禮記中庸釋文費本作拂
禍昌不寤　案寤蓋悟之假借字
正法直度　案類要引作正直法度是也
植固不動倚邪乃恐倚革邪化令往民移　案後解固下有而
字倚邪皆作奇邪
召遠在脩近　案召讀朝朝召同義後解云內行不脩則不能朝
遠方之君是也楚辭遠遊朝四靈於九濱注朝召也春秋繁

露諸侯篇朝者召而問之也

幼官第八

若因夜虛守靜人物人物則皇　案依文例當作若人因物處虛守靜則皇或若人因物四字在則皇上而句各四字爲對一句中又兩〻相對觀下文尊賢授德云〻其例自見

以保獸之火爨　案保與臝通周官大司徒攷工記梓人並作臝說文臝袒也或作臝爨說文作爨籒文作爨

藏溫濡　戴云宋本濡作儒隆案作儒亦通說文儒柔也濡柔聲相近轉溫儒即溫柔也韓詩外傳五儒者濡也詩烝民箋柔濡毳也儒濡亦同義但管子古本必作儒不作濡說文得古訓也淮南天文訓大陰治春則欲行柔惠溫涼義本

管子時邁釋文槀 本亦作濡

凡物開靜形生理常至命　劉云當理字絕句陸棠趙本中方圖亦誤讀黃氏已辨之

威由以誠　王云威乃感字誤陸棠威直感之誤易咸感也

務本飭末　棠中方本圖飭作飾

攻之以官　劉云當依後作攻之以言戴同蓋襲劉氏說　陸棠官訓事亦可通解禮記樂記注云官猶事也爾雅貫事也官貫聲義並同

威之以誠　王云威乃感字誤陸棠威直感之誤易咸感也

三舉而地辟散成　棠散疑財字誤後圖亦誤易象傳曰后以財成天地之道財讀生財之財成猶生也地辟則財生與上

下文句法一例國蓄篇天財之所殖殖亦生也成也立政篇草

木不殖成

九舉而帝事成形　案帝乃常字誤當合篇不必以先帝常

王云帝即常字之誤而衍者

九本摶大　王云摶大當爲博大隆案摶乃博之借說文博大通

也攷工記車人其博三寸注故書博或爲摶杜子春云當爲博

漢高惠后文功臣表摶揜貨殖宣曲任氏傳作博揜皆摶博

通用之證

五紀不解　案解讀懈古字假借

富貿之終五　案宋本同劉本貿作貴誤終疑紀之誤

綠之以散羣傰署　尹注傰猶朋字隆案說文倗輔也从人

朋聲讀若陪周禮士師掌士之八成七曰為邦朋故書朋作𠊧鄭司農讀為朋友之朋依說文及先鄭周禮注其字皆當作𠊧今後圖亦作𠊧〇又案尹注𠊧猶曹字四字不可解疑當作𠊧猶曹也通釋𠊧字之義今本也誤字失詁訓之體矣因疑管子署字尹所見本作曹尹意𠊧曹二字同義即舉本文曹字以釋𠊧字故言猶以比附之毛傳每有此體其或不見上下文而言猶者大都以今語通古語然亦不離乎雙聲疊韻為訓也法〻、論書叢起 毛傳訓聲

執戚以明於中　案朱本執作報誤後圖仍作執不誤

賜與　案北方副圖作賜乎南方西方副圖作賜與

十二義氣至　丁云義當為和聲之誤也隆案和與我聲同

形近和一謂我我再謂義寫者亂之耳

合内空周外　戴云空即内字之誤而衍者隆案此句屬下讀周

字尹注無合内與空外對文

藏薄純　案薄與博同謂寬博純大也爾雅溥純大也說文奄大也讀若鶉組典直作純　又案或當作摶純即下文摶一純固疑摶字是水地

篇摶純而不殺

秋行夏正葉行秋政華行冬政耗　案後圖夏正作夏正秋政作

春政是也當據改

而審責於羣臣有司　吴云宋本後圖作貴當改此責字隆

案宋本貴字涉下賤不棄貴而譌

十二期風至　丁云期乃朗字誤朗風涼風也隆案疑飄字

误飄古源字

十二復理賜與　案後圖與作予

十二始節賦事　吴云當依後圖作十二始前節第賦事前節翦之借翦猶殺也見禮記玉藻注言秋分既至始行肅殺之氣萬物收落草木之財漸次得入以所成之先後賦斂之故曰節第賦事○宋本後解第作弟顧廣圻曰云作第爲正

十二始卯合男女　案合男女入國篇之合獨也

脩鄉閭之什伍　（後圖閭作里）吴云閭當爲里

器成於僇　丁云僇當爲穆穆靜也月令曰仲冬之月事欲靜以待陰陽之所定隆案僇讀穆古字通用（如昭繆即昭穆）漢書楊雄傳上集注穆穆靜也上文云十二寒至靜閉篇云工尹伐材

用毋於三時羣材乃植而造器定冬完良

收孤寡　吴云孤當為矜

藪澤以時禁發之　陳（戴）云藪澤上當依後圖有毋征二字（戴同 蓋襲）

（俾遠案）毋征藪澤以時禁發之與上文一令曰毋有一日之師役三令

曰毋乏耕織之器三毋字一例戒篇曰山林梁澤以時禁發而

不正也正讀為征義與此同隆案禮記王制曰獺祭魚然後

虞人入澤梁草木黃落然後入山林大戴禮主言篇入山澤

以時有禁而無征

脩春秋冬夏之常祭食天壤山川之故祀必以時　俞（樾）云食當讀

為飭屬下句隆案食疑祭字之誤衍或食當為會合也禮

月令大合祭

將以禮上帝 案後圖禮作祀
流之焉莠命 案焉與為同義
九會大命焉出常至 丁云常至句下屬為義謂常歲所至即
下文五年而朝云云王國定制習為常也 隆案尹讀亦大命焉
出句常至句大命焉出者謂大命於是乎出也焉猶於是也亦
訓為乃謂大命乃出也 後圖命作令
十年重適入 案後圖十年作七年
五年大夫請受變 案後圖無受字
必得文成武官習勝之務時因勝之終無方勝之 王云習勝
下衍之字 顧云之字皆當為定屬下讀作定務時因勝句
下文同 隆案如顧說則下文原無象勝下有之字當刪

王於全書恃字改待隆全改恃案待
從寺得聲當讀祥吏切與恃同聲通
訓當云待讀爲恃觀老子呂覽注待恃
互訓可勿改字矣此説本之郝氏尔疋義疏

聽於鈔　案鈔讀爲杪方言杪少也
故能聞未極　戴云後圖作無極隆案爾雅極至也未至而聞
與下文未形而見同義
視於新故能見未形　案尹注陳云新當爲親字之誤也親近
也聽於至小故能聞未極視於至近故能見未形也鈔親二義
相同隆案陳説是也尹注依新作解則非其義矣後圖
亦誤作新
立於謀故能實不可故也　案故疑敗字誤尹注云衰故亦當
爲衰敗
則其攻不待權與　王氏如此讀據七法篇攻國救邑不待權
與之國事語篇獨出獨入莫之能禁止不待權與爲證足

澄尹讀之證隆案待當爲恃七法篇曰敌攻國救邑不恃權與之國（王改爲待）樞言篇曰恃與國八觀篇曰然則與國不恃其親怙事語篇作待亦恃字之譌淮南要略恃連與國高注云恃怙連與之國（王氏云國字衍）連與即權與亦作恃是其明證

說行若風雨　吳云說當爲故

莫之能害　案害讀爲曷古害曷通用曷者遏也說文遏微止也爾雅曷遏止也邢疏云俗以抑止爲曷淮南覽冥篇奈任天下誰敢害吾意者亦以害爲曷

由守不慎　案由疑內字誤爾雅由自也作由亦通

不過四日而軍財在敵　案上文云九日八日七日六日則此當作五日

驕君使疲民則國危　後圖國危二字倒誤

大勝者積衆勝無非義者焉可以爲大勝　案後圖作大勝者句積衆勝而無非義者焉句可以爲大勝句　此讀衆字絶句無非上脫一而字朱本有而字不誤

戴云宋本紹作詔謹

刑則紹昧斷絶　案昧疑明字誤詔明猶昭明也周禮大司寇以明刑恥之注明刑書其罪惡於大方版著其背又掌囚及刑殺告刑於王奉而適朝士加明梏以適市而刑殺之注鄉士加明梏者謂書其姓名及其罪於梏而著之也漢書張湯傳爰而著讞法注著謂明書之也是昭明斷絶即周禮著明刑殺之義尹說大謬○宋本紹作詔疑誅字之譌爾雅殛誅也又疑昧即誅字譌

則爲詐不敢鄉　案鄉兵法篇作嚮

齊之以道則民和養之以德則民合和合故能習習故能偕偕習

以悉　兵法篇作和合故能諧諧故能輯諧輯以悉劉云習

或輯之譌誤丁云習爲輯之假借輯合也諧和也隆案丁説（尹注非）

是爾雅輯和也詩谷風習習谷風毛傳習習和舒貌文選束

皙補亡詩輯輯和風注輯與習同輯亦合也爾雅諧和也說文

諧詥也和合諧輯書釋文引王注漢書武帝紀集注引如

淳並云輯合也爾雅諧和也說文諧詥也和合諧輯一意相

承偕訓彊訓俱蓋假借字尹注偕訓俱與兵法篇注異

恐未是○宋本脫德字和合字案後圖有

育男女　案兵法篇育作遂七法篇亦作育

不過八日而外賊得間　案宋蔡本間作閒

驕君使疲民則危國　案幼官篇作國危此誤倒兵法篇曰夫以驕君使疲民國安得無危是其證

制法儀出號令　案七法篇作制儀法出号令

則功得而無害　案朱本句末有也字趙本後圖亦有

幼官圖第九

動而無不從靜而從不同　案宋本脫此十字劉云此二句舊缺

十二始前節第賦事　趙云上無前第二字戴云前第二字疑皆節字之誤而衍者上篇亦無此二字隆案古微書引無此二字賦事班布政事也

將以祀上帝　案前篇祀作禮

七年重適入　宋蔡本入作人隆案宋本誤也前篇正作入尹注曰重適謂承重也然則重適入者猶言太子入朝耳

五輔第十

而飲食薪菜饒　陳云飲食當作食飲與下文食飲薪菜之同隆案宙合篇曰食飲不同味君臣下篇曰明君設飾食飲弔傷之禮禁藏篇曰食飲足以和血氣入國篇曰必欲其食飲飢寒侈靡篇曰食野草飲野水皆作食飲之證○案薪菜之菜不作采哀十四年公羊傳曰然則孰狩之薪采者也薪采者則微者也大雅毛傳曰芻蕘薪采者其字皆當作薪菜蓋薪菜與采薪不同也輕重甲篇曰今倳戟十萬薪菜之靡日虛十里之衍字亦作薪菜與此篇同

上下交引而不和同　丁云交校之借字引當為弗古文弗與引相似而誤校弗猶撟拂也隆案丁說是依文例交引並列校弗者乖戾之謂與和同義相反左僖十五年傳亂氣狡憤注狡戾也

樂記血氣狡憤釋文狡本作交是狡交字通之證說文弗橋也狡弗與橋弗音義同明法篇曰拂上以爲行重令篇曰毋上拂之事弗拂古今字集韻引古作拐與拂字形尤近

決潘渚　丁云列子黃帝篇釋文潘洄流也莊子潘皆作審崔本莊子作潘云回流所鍾之域也隆案崔說與管子合潘之爲言播也水所播蕩之處謂之潘據莊列所說則凡有水處統謂之潘矣尹注非

整齊撙詘以辟刑僇　尹注撙節也言自節而卑屈也隆案說文無撙字刀部劑減也劑撙古今字五輔篇曰節飲食撙衣服禮記曲禮是以君子恭敬撙節退讓以明禮鄭注云撙猶趨也荀子仲尼篇恭敬而僔楊倞注僔與撙同又不苟篇

恭敬繜絀以事人 注繜與撙同繜絀即管子之撙詘也古字屈字作詘尹注以今字釋古字

敦懞純固 尹注懞厚也音莫江反隆案懞與厖通詩小戎鄭箋蒙厖也旄邱蒙戎徐邈音武邦反左傳引作厖茸古蒙厖同音尹讀是也長發為下國駿厖荀子榮辱篇大戴禮衛將軍文子篇引作蒙方言厖深之大也秦晉之閒凡大貌謂之朦或謂之厖爾雅厖大也說文厖石大也大厚同義周語敦厖純固韋昭注厖大也長發毛傳厖訓厚此尹注所本○集韻懞音謨蓬切不收尹讀疑古本管子作蒙不作懞

長幼無等則倍 案倍讀背禮記通作偝

恭敬然後尊讓 案尊與撙同尊讓即禮記曲禮撙節退

讓也儒行鄉飲酒禮聘義竝有尊讓二字後漢光武武下王傳贊沛獻尊節李賢注曰尊音祖本反即引禮記恭敬尊節爲證詳見王引之經義述聞

民知禮矣而未知務　丁云務當爲法此涉下文五務而誤　隆案丁說是上文曰德有六興義有七體禮有八經法有五務權有三度又曰曰民知德矣而未知義曰民知義矣而未知禮則此當云曰民知禮矣而未知法

故曰凡此五者力之務也　案故曰二字涉下文而衍

故曰力不可不務也　丁云力當作法此涉上文力之務句而誤　隆案上文云布法以任力任力有五務謂力之務必歸本於法故云法有五務以上下文例之德有六興故曰德不可不興義有七體故曰義

不可不行禮有八經故曰禮不可不謹權有三度故曰權不可不度然則法有五務亦當云故曰法不可不務故曰二字承上言之也丁說是

論賢人　案論讀掄

方丈陳於前　案以尹注例之本文似當作君悅珍怪則役用廣

博帶梨　尹注梨割也丁云梨即剺之假借隆案說文剺剝也劃也廣雅剺剝也玉篇剺直破也文選長楊賦分剺單于李善注引韋昭曰剺割也兹字異義同淮南齊俗訓伐楩柟豫章而剖梨之注梨分也後漢耿秉傳注梨即剺字古通用也

市鄽而不税　案玉篇云廛或作鄽即本管子

宋本附音

㑟音朋　案見幼官篇周禮士師掌士之八成七曰爲邦朋故書朋作㑟鄭司農讀爲朋友之朋今案宋本音從先鄭讀説文作倗讀若陪之朋一聲之轉

管子校釋卷二

吳縣原籍秀水王大隆學

宙合第十一

懷繩與准鉤　盧文弨鍾山札記云廣雅準字下以准為俗然其來已久諸子百家之書皆有之援引古來相沿作准以證明之戴云說文曰準平也从水隼聲段注云準五經文字云字林作准案古書多用准蓋魏晉時恐與淮字亂而別之耳隆案隼即雖之或體古隼水同聲故攷工記故書準作水準隸作准後又俗造作准管子書多用後俗准字非古不可從

滅溜大成　案下文云滅盡也滅同咸滅從咸聲古通用左文

十三年傳克減侯宣多減亦當訓盡史記索隱司馬相如傳上減五韋昭說作咸則亦訓盡也證以禮記月令水泉咸竭呂覽作減左傳咸黜不端正義云諸本或作減又不為末減王肅注家語云左傳作咸皆是咸減通用群経音辨咸有胡斬切非古音也

舊乃苓　戴云苓零之借字隆案下文苓也苓與零同禮記釋文零本又作苓爾雅蘦落也釋文蘦或作苓漢書敘傳上失時者苓落詩摽有梅毛傳盛極則隋落說與管子合

夏處陰冬處陽　尹注第三舉目隆案注四字當在大賢之德長下朱本不誤

讂兒東衕　尹注讂火縣切隆案讂與夐通廣韻許縣切集韻翾縣切是夐聲同讂也聲詩可嘆夐可云遠也注依夐字訓

若鼓之有㨎　下文尹注㨎當爲響隆案尹說非也集韻㨎又作㨎周禮職金注作槍雷椎㨎之物釋文作椎㨎云宅耕反本又作㨎考釋文當作㨎㨎是鼓枹故一本作㨎管子之㨎郎職金之㨎集韻又作本據已誤之釋文耳○職金之㨎段氏漢讀攷讀作㨎云說文作朾撞也从木丁聲通俗文撞出曰朾釋玄應曰敞敦㨎朾四形同文衡切今釋文作㨎譌隆案釋文宅耕之音所據本尚是㨎字

擿㨎　尹注㨎丁用反隆案當作丁浪反擿㨎一聲之轉爾

雅敵丁當也敵丁與丁當竝雙聲敵當與擿擋義近
聲鼓出於摚擿擋之聲相應而手法得矣故擊謂之
擿擋也
則擊 案則讀捌捌亦擊也集韻捌札色切打也是捌擊
即打擊也廣韻擊打也擿擋捌擊四字平列皆是以摚
打鼓之義疑古本管子作捌而集韻用之
猶跡求履之憲也 尹注云跡者履之所出憲法也擬跡而求
履法履法可得丁云說文楥履法也憲即楥字隆案玉篇
楥吁萬切今人削木置履中以為模範謂之楥頭尹注憲法
之訓本諸爾雅法謂之憲履法謂之楥讀憲為楥與管子
文義尤合古楥憲同聲說文蕙或作蕿又作萱引詩焉得

藼草艸今毛詩作諼爾雅釋文引作萲是其證

適善備也僊也　丁云僊與遷同鄭注大傳曰遷猶變易也隆案

遷之為言旋也與備字義相近

天淯陽　尹注云淯古育字隆案漢書地理志育陽後漢郡國

志作淯陽○丁云陽當為養假借字隆案養從羊聲古陽羊

通用故假陽為養淯同育養與化生對文

溜發也　案溜當為畱文選魏都賦劉注畱或作溜畱止也亦舍也發亦舍

止之義方言發舍車也東齊海岱之間謂之發儀禮聘

禮記注發氣舍氣也又云發氣舍息也皆是以發為止上

文曰滅溜大成文義似為謂盡止於大成止如止於至善之止也故又解

之曰滅盡也溜發也

言徧環畢　戴云宋本徧作偏　隆案徧偏古字通見周易釋文詳文義徧字承上減盡言環字承上溜發言環還也與留止義近度地篇曰水之性行至曲必留杜曲激則躍躍則倚倚則環素問氣交變大論曰久留而環注環謂如環之繞盤迴而不去也

時德之遇　案趙本時字絶句隆案上文必周於德審於時下文是唯時德之節二字對舉當連讀

是以古之士有意而未可陽也　案士讀事

猶夏之就清　案禮記曲禮冬溫而夏清說文瀙冷寒也又清寒也莊子人間世篇冬無欲清之人瀙清清並同

可以無及於寒暑之菑矣　案菑卽烖之假借字

進僞爲人君嚴之義　丁云嚴字疑誤當云進僞爲人君之者義退害爲人臣者之生文義甚明尹注非是隆案尹注人君因此益加其嚴酷疑本作進僞爲人君者之嚴〻威嚴也尹所據本作嚴故注不出義字別本一作義寫者幷入誤亂之耳○白心篇者亦誤義與此同

不依其樂　丁云樂當爲槩與稱量度三者同義隆案下文云金鼓滿則人概之是其證

惠者知其不可兩守　孫星衍云惠與慧通隆案方言知或謂之慧論語釋文魯讀慧爲惠

而倚以爲名譽　案倚同依

亂世敗俗　宋蔡本敗作數非

不用其區　陳云區字绝句下文區者虛也解釋此區字隆案此
篇多用詁訓區虛同聲空地謂之虛今從作墟空地一方即為一
區此因聲以見義

失植之正　案植與直同廣雅直義也失植之正即上文所謂失其
義正也義主乎時空失義猶上文失時之義下文植而無能同

讀充言心也　尹注讀大縣切遠也隆案讀與夐通廣韻許縣切
集韻翾縣切是夐聲同讀也韓詩于嗟夐兮云遠也尹注
依夐立訓

夐則所以怙奇　案廣韻寘韻怙伎義相近皆支義切劉趙云伎梁紀
切误

下乃解怠惰失　案解與懈同失與佚同

微約而流施　案約與弱通微
約與淵泉皆兩字並列家語
說水云淖約微達此似察荀
子說水云淖約微達似察管
與管子微約義合其云約淖
者即淖弱也水地篇曰夫水淖
弱以清尹注解淖弱柔貌

聽必順聞　吳云順讀慎避諱改
下同

言中正以蓄慎也　案慎與順同

方明者察於事　棠方乃大字誤勢篇云善周者明不能見也善明者周不能蔽也大明勝大周則民無大周也大周勝大明則民無大明也一說方即旁有旁通之義

故名為之說而況其功　王云名當為各丁云名當為多淮南要略訓懼為人之惛惛然弗能知也故多為之辭博為之說隆案淮南多掇拾古書而成此兩言疑本管子多字與況字義尤近

泉踰瀷而不盡　尹注瀷湊漏之流也隆案說文有淏無瀷瀷即淏之異體廣韻淏水名瀷水聚音翼又瀷水潦積聚昌力切並見二十四職淮南覽冥訓澤受瀷而無源注瀷雨積疾流者文選江賦瀸之以瀿瀷注引許慎注瀷湊漏之流也此

尹注所本

景不為曲物直　案景古影字

必以其類來也　案來疑求字誤然尹注已譌來

樞言十二

立而不立者四　丁云下立字當為亾字之譌　隆案立成也亾敗也下文云喜怒惡欲天下之敗是其證立而不亾與生而不死對文成義

強之強之　案強之強之者勉之勉之也爾雅強勉也

時也利也　案時利下文作時義尹注云義即利是也易曰利者義之和也

陰陽兩生而參視　丁云視當為外字誤參亦對兩生言下文云

~~得之必生失之必死亦然也謝文易之為道不外一陰一陽乾~~
~~為化坤為成所謂兩者也考天地不過二氣變亂其中則生焉~~
~~混聲不能化成是以參錯也~~

唯無得之文武堯舜禹湯孝已 丁云無語詞見王氏釋詞 隆案權修篇慶言唯無皆作語詞亦見釋詞疑古人借作夫字

十日不食無疇類盡殺矣 案朱本疇作儔

沌沌乎博而圜 丁云說文笐篅也篅判竹圜以盛穀也隆案篅或作圌廣雅圌圜也文選長笛賦注揣與團古字通此亦沌沌為圜之義證

豚豚乎莫得其門 丁云豚遯之假字隆案揚子太玄晝豚其埻注豚遁也亦假豚為遯

人謂我有禮　案禮上有字衍下文恭仁慈上皆無有字

彼欲勇我勇之　案勇疑用字借

徽而異之　案徽疑媺之誤

釜鼓滿則人概之　案概即槩字

故行年六十而老吃也　案御覽方術七百四十引吾畏事不敢爲事畏言不敢爲言故行年六十如老吃耳如與而通

八觀第十三

宮垣關閉不可以不修　戴云修當爲備字之誤隆案戴説是下文宮垣不備雖有良貨不能守也是其證

舩綱不可一財而成也　案舩與船同綱當作罔上文罔畧財與材通

州里不鬲　案鬲與隔同明法解宋本兩隔字並作鬲
則士不及行　案及乃反字誤禮記祭義注自反猶言自修整
也反行與修廉同義反亦修也問篇曰處士修行足以教人
君臣下篇官之以其能及年而舉則士反行矣尤其明證
不論志行而有爵祿也　案上下文皆無也字此也字疑衍元本
亦無此也字
民倍本行而求外勢　戴云宋蔡本無行字下文尹注云人既倍本
求外則國之情偽盡在於敵知尹所見本無行字　隆案宋
本脫行字誤戴說亦非上文有行字此句承上言之耳
計威嚴寬惠　案計下當有其字見上文
而積勞之人不懷其祿　案積勞與豪傑對文積當為

七　學禮齋藁本

績〻亦勞也爾雅績功勞也下文積勞同（荀子漢書績作積）如是而君不為變然則攘奪竊盜殘賊進取之人起矣　陳云變然猶翻然也尹注然連下讀非隆案翻番聲孚袁切變䜌聲彼眷切古音同書堯典黎民於變漢成帝紀作於蕃毛詩四矢反兮釋文引韓詩反作變云變易是其證○又案當讀變字句正世篇亦曰夫民勞苦困不足則簡禁而輕罪如此則失在上失在上而上不變則萬民無所託其命又曰過在下人君不廉而變則暴人不勝邪亂不止是其證○進之為言猶競也爾雅競逐彊也說文競彊語也一曰逐也呂覽分職篇注競進逐也進亦逐也逸周書竟進爭權即競進也（本郝氏說）取讀如取寶玉大弓之取

法禁第十四

亂國之道至聖王之禁也　棠此十九字錯簡當在擅國權之上

○聖王之禁也合下數之凡十八見

則大臣之贅下而射人心者必多矣　棠贅與綴通周禮巾車公羊襄十六年釋文竝云贅本作綴說文綴合箸也箸之言附也毛傳廣雅竝云贅屬也贅亦綴之假借屬猶附箸之義詩角弓傳考工記輪人注竝云附箸也考工記總目注樸屬猶附着射讀爲豫豫悅豫也言大臣之阿附下民以取悅民心者必多也下文云削上以附下枉法以求於民者聖王之禁也尹注云削上威用附下威恩枉君公法求人私悅即此所謂贅下而射人心也任法篇大臣能以其私附百姓尹注謂用私恩誘百姓使附也

秦誓曰　案宋蔡本作泰是字當作大今僞大誓用管子文
則大臣比權重以相舉於國　案舉當爲譽下文云進則相推
於君退則相譽於民即其證（譽於民宋本作舉此從宋蔡本趙本）
非上以爲名　案非與誹同
身無職事家無常姓　丁云姓當爲生假借字也孟子滕文公
篇注產生也詩谷風箋生謂財業也家無常姓猶言家無恒
產耳隆案姓乃產字誤上文云飾於貧窮而發（讀廢）於勤勞
權於貧賤無常產故飾於貧窮無職事故廢於勤勞合
二者言之故曰權於貧賤
行辟而堅言詭而辯術非而博順惡而澤者　案禮記王制篇
行僞而堅言僞而辯學非而博順非而澤以疑衆殺說苑

指武篇孔子曰夫王者之誅有五而盜竊不與焉一曰心辯而險二曰言偽而辯三曰行辟而堅四曰志愚而博五曰順非而澤此五者皆有辯知聰達之名而非其眞也苟行以偽則其知足以移衆强足以獨立此姦人之雄也家語始誅篇孔子曰天下有大惡五而竊盜不與焉一曰心逆而險二曰行辟而堅三曰言偽而辯四曰記醜而博五曰順非而澤又刑政篇行偽而堅言詐而辯學非而博順非而澤以惑衆者殺皆本管子而微有同異

重令第十五

將以此阿黨取與　案取讀爲聚山至數篇曰連朋而聚與又曰外則諸侯連朋合與合亦聚也

則士無為行制爲節　案趙讀行去聲非法法篇不行制不爲節

慶賞不施於卑賤二三而求令之必行不可得也　戴云宋本無二三兩字隆案朱本作三二此文有脫誤詳文義似謂慶賞不施於卑賤而施於親貴所以令不行上文云法誅禁不誅於嚴重而害於疏遠此其句例令本卑賤下出二三兩字想是校宋本者理會得卑賤下脫去五字筆作五點其旁用以識之謂卑賤之下而求之上脫數有如此者自後來學者見校宋本有此模樣誤以為三二兩字謂校宋所據之或本隨手寫入正文如朱本是也遠後趙用賢本出見得三二兩字不詞則又改為二三矣而亦屬下作一句讀矣殊不思下文而求民之

不與圖難犯危 案類要引與作以

必用而求兵之必勝而求國之必重而求霸諸侯而求王天下句法本自一例何獨此句多出兩字而與下文句例相參差若屬上讀則與上文法禁不誅於嚴重句亦非其例矣且其文義亦兩無可通也宋本無此兩字則宋本誠可寶貴矣所脫五字無所據以補之

非斧鉞無以威衆 案版法解威作畏

法法第十六

況主倨傲易令 案主字涉上文主道而衍

痤雎之礦石也 尹注痤徂禾切劉云雎恐疽或癰字誤 案御覽兵三百五十八引作痤作和切疽七余切所據本是疽字

財無砥墆 案砥與底通爾雅釋詁底厎止也砥底厎竝從

氐聲左昭元年傳勿使有使壅閉湫底杜注底滯也楚語夫民氣縱則底底則滯注底著也晉語底著滯淫淮南原道訓非謂其底滯而不發注底讀曰紙此皆管子底砥滯之證

故民未嘗可與慮始而可與樂成功　顧云功字衍隆案商子作民不可與慮始可與樂成功呂覽作故民不可與慮化舉始而以樂成功並有功字鹽鐵論作故民可與觀成不可與圖始無功字古人句法參差

而君獨甚傷也　丁云傷疑惕之誤說文惕放也今通作蕩蕩者緩縱之意與急義相反隆案傷乃偒字誤偒輕也輕則緩重則急相反為義

十日而君不聞　一月而君不聞　案意林引兩聞字作知下句仍

作闇

生而不正　戴云宋蔡本而作於是陸案生於不正與生於不義

對文

則内亂自此起　戴云宋本起下有矣字今本脱陸案上文云

則外難自此至矣是其句例

兵法第十七

則行水　則行林　則行陂　案類要引作水行林行陂行與

上文晝行夜行句例相同惟行澤行陸行山類要引亦誤

追亾遂遁若飄風　案飄與猋同爾雅釋天扶摇謂之猋又

曰迴風爲飄鄭注月令曰回風爲猋詩正義引孫炎曰迴風從

下上曰猋然則猋亦回風回風從下上專稱猋矣郭注及詩

正義引李巡皆謂猋為暴風月令猋風呂覽作疾風皆是也說文猋作飆猋風雷電喻用兵之神速呂氏春秋法勝篇若雷電飄風暴雨漢韓長孺傳匈奴輕疾悍亟之兵也至如猋風去如收電其言竝出管子

一意氣專定則旁通而不疑　丁云定當為意一氣專意猶君臣篇云專意一心也專一同義說文壹專壹也儀禮鄭注古文壹皆為一內業篇云摶氣如神謂一氣也一氣專心與下句厲士利械對文隆案丁說是下文械匱韻此意疑韻○又案鄉飲酒禮注疑讀如仡然從於趙盾之仡釋文竝云魚乙反蓋疑有止定之義詩桑柔之止疑儀禮之疑立皆與此疑字義近韓子解老篇不疑之謂勇

實寶改不獨見　丁云見乃出字誤戴同隆案實不獨入實不獨出承上獨出獨入句言之謂並非獨我入獨我出也

無守也故能守勝　丁云無語詞隆案權脩篇解人君唯無聽寢兵之說勝無亦語詞古人唯無二字多連用無即唯

衆若時雨寡若飄風　案飄與猋同說見前　猋風疾風也猋風以喻用兵之神速時雨以喻將兵之衆多

成不足以命之　丁云成疑我字誤老子曰吾彊而名之曰大即此所謂吾不足以名之也隆案吾我通用字

大匡第十八　案小匡篇管子言三匡天子此大中小三匡之所名與

齊僖公生公子諸兒　案漢書古今人表作齊襄公兒脫諸字

召忽曰不可　宋本無不字顧云此可爲叵之譌隆案叵字雖見許氏説文然上文作不可此似作不可爲長宋本脱不字耳

召忽曰百歲之後吾君卜世　俞云卜世疑下世之誤丁説同隆案俞丁説是下文云犯吾君命而廢吾所立奪吾紏也即此所謂吾君下世也人壽不過百歲故曰百歲之後尹注以吾君卜世爲僖公之子小白等蓋讀如左傳之卜世三十然卜世與上文百歲之後不相涉且小白亦不得稱吾君尹不知卜爲下之誤故曲爲之解耳列女傳柳下惠妻誄曰愷悌君子永能厲兮呼嗟惜哉乃下世兮文選曹植三良詩曰秦穆先下世三良皆自殘古皆稱死爲下世越語先人就世韋昭注就世終也

兄與我齊國之政也　困學紀聞諸子類引張嵲讀管子曰兄

古況字隆案詩桑柔釋文況音況

申俞　案左傳申俞作申繻左傳紀裂繻公羊穀梁皆作紀履

綸

無盡言而謾行以戲我君　尹注云無盡言謂不忠諫隆案盡與藎通詩文王王之藎臣毛傳曰藎進也疏云藎忠愛之篤進進無已也是藎言卽忠言與謾行對文○左傳有盡言招過盡言謀闕亦是忠言

夫君以怨遂禍不畏惡親聞容昏生無醜也　戴云聞容當為閔咎之誤隆案昏生當作昏主此涉上下文彭生而譌容咎形相近咎醜為韻戴說是

見豕彘　丁云豕下不當有彘字蓋後人旁注以豕為彘因

而誤衍隆業說文彘豕也後蹏廢謂之彘豕彘也竭其尾
故謂之豕合言分言此說文之例其實彘豕不甚區別漢書
食貨志彘即豕莊子達生釋文彘本作豕孟子狗彘鹽鐵
論水旱篇引作狗豕此處彘字衍丁說是下文云豕句人立而
啼亦單言豕左傳作見大豕々下亦無彘字史記齊世家作
彘無豕字

鮑叔乃告公其故圖　業尹說故圖亦是然玩一其字疑故當
為改下文云二君將改圖無有進者

其及豈不足以圖我哉　宋云反必友字之誤隆業宋說是謂
召忽雖不得眾其友猶能圖我也○尹注曰召忽雖不得
眾若及獨能圖我隆業趙本注猶字誤獨宋蔡本朱本皆

不誤論

桓公二年踐位召管仲　王云桓公踐位已見上文此自謂桓公二年召管仲耳踐位二字乃涉上文而衍隆案踐位二字似非衍文當在二年之上與下桓公踐位十九年句同

匡祿齊國之政　俞云祿讀曰錄謂領錄齊國之政也隆案周禮職幣皆辨其物而奠其錄注故書錄為祿杜子春云祿當為錄詩小戎傳歷錄釋文一本作歷祿莊子漁父釋文祿祿如字又音錄司馬云錄錄領錄也後漢和帝紀注錄謂總領之也

臣貪承命　陳云貪讀為欽假借字也隆案貪從今聲欽從金聲古同音通用如琴[illegible]擒今聲捦䘳衿紟䌊之例

二年桓公彌亂又告管仲曰　丁云疑當作桓公又告管仲曰傳者誤移置上文耳　渲案彌亂上疑有國字上文言齊國社稷未定國政未能有行故國彌亂下文鮑叔對桓公云今國彌亂子將何如是其證

請修兵革　内修兵革　案宋本作請修革脱兵字内修兵革脱革字

姑少胥其自及也　案胥與須古通用

裂領而刎頸者不絶　丁云裂折之俗字説文折斷也渲案上文言朝之爭祿相遂刺刺殺也斷領刎頸是相殺也集韻有裂字訓切斷也即本管子此折之俗

不忌於辱　案忌當爲惎説文惎字下引周書上不惎於凶

德今書多方作忌、、碁同聲通用廣韻七之碁謀也七志碁
志也皆與管子忌字義相近

曹劌云爲人也　劉云劌一作沫下同陸粲左氏穀梁作曹
劌齊策史記管晏列傳刺客傳作曹沫齊魯世家同呂
覽作曹劌

堅強以忌　丁云忌與惎同說文惎毒也陸粲說文引周書曰
來就惎惎段注云即泰誓未就予忌也惎忌音同義相近宙
合篇毒而無怨尹注毒者陰爲賊害

左揕桓公　宋本揕作椹誤趙云揕音枕擬擊也史記匕首揕
之陸粲說文無揕字戈部戡刺也戡與揕同史記荊軻列
傳索隱揕謂以劍刺其胸也

諸侯之君不貪於土　隋集案不乃必字誤必貪於土與必勤於兵必病

其民句法相同

夫不信於民則亂內動則危於身　案夫字涉上文夫詐密而衍

亂內當作亂於內與上文不信於民下文危於身三於字一例也

今君蘄封亡國之盡若何　案蘄與圻同朱本蘄作近

五年諸侯可令傅　案傅與附同

以重幣賀之　衣裳賀之　案說文賀以禮物相奉慶也玉篇賀以禮物相慶加也賀之言加也古假賀為嘉儀禮鄭注今文嘉作賀是也廣雅嘉賀也士喪禮注賀加也此篇作賀亦嘉之借

以信其言　案信與申同

衡國之教危傳以利　趙本危字絕句陸案下文魯國之教楚國之教皆教字句絕趙讀非

季友　案小匡篇一曰季勞一曰公子舉

常森　古文癸當猝與小匡同

無國勞毋專與祿士庶人毋專棄妻毋曲隄毋貯粟毋禁材

洪頤煊云無與毋同通陸案困學紀聞引無國勞之無亦作毋是也國字疑誤或國上有脫文士庶人三字當合上毋專與祿讀今本離注大謬毋專與祿士庶人猶孟子言士無世官之意毋專棄妻則指諸侯言謂毋廢嫡立寵也上下文皆毋字在上此其句例　孟子亦言無以妾爲妻未嘗專指士庶人說　○困學紀聞引材作林陸案尹注山澤之材當與人共之也似作林是○劉本曲隄

作曲妻云曲妻即側室言士庶人不得有之也 隆案劉涉上文妻字而誤 霸形篇曰毋貯粟毋曲隄文與此同

桓公以車千乘會諸侯於竟都 案舊讀都字下屬非竟都者周禮掌固所謂國都之竟也

凡仕者近宮 戴云宋本宮作公 隆案注同作宮是也近宮與近門對文

不敬老而營富行 案行字當屬下讀

斷獄情與義易義與祿易易祿可無斂有可無赦 王云有可無赦當依上文作有罪無赦 隆案上文言無赦指罪人說此則以治獄之法告國子語氣不同可無斂三字疑即可無赦三字相涉而衍者或中有脫誤未可知也有罪無赦謂若有罪者斷不可輕赦

也全是告國子語氣尹注非是 左莊九年傳公曰小大之獄雖不能察必以情

管子校釋卷三

吴縣原籍秀水王大隆學

中匡第十九

少進傅堂　案

自古至今未有改之　吴云之當作也

少進傅堂　案宋本同朱本傅作中誤中涉上文少進中庭而誤傅猶近也中庭庭中管仲從庭中而下及堂也下文云公遽下堂則管仲尚在堂下在不堂中明甚

三王之失也非一朝之萃　丁云萃讀爲卒史記索隱引廣雅曰卒暴也宋本萃作苹字之誤隆案史記集解引漢書音義卒倉卒方言注猝謂急速也卒猝同義莊子

徐無鬼釋文葦本作萃

刑廉而不赦　丁云赦當爲忮忮很也不忮與上文不苛同意

隆案宙合篇憂則所以忮今誤伎苛

小匡第二十

君有加惠於其臣　戴云文選陸厥答內兄詩卷二十六注引加作嘉　隆案齊語作加惠

願生得之以狗於國　案狗當爲徇說文作彵字

使臣不能受命　案元本命下旁注能一作敢四字

夫鮑叔之忍不僇賢人　說詳王氏讀書雜志　隆案忍卽忎古仁字忎忍形近而譌尹注云言多所容忍必不僇賢人所見雖是誤本然未改爲不忍僇賢人也

管仲詘纓插衽　劉云插一本作攝弟子職所謂攝衽隆案詘古屈字屈短其纓將免冠也聘禮屈繅鄭注屈繅者斂之

而賢大夫在後　戴云宋本朱本賢下有士字今本脫隆案賢士大夫與上文倡優侏儒對文

糞除其顛旄　劉云糞分也孟子百畝之糞王制作分是也齊語作班序顛毛隆案周禮太宰匪頒之式先鄭讀為分頒班分班同義

三鄉一帥　戴云宋本劉本三作五隆案大司徒曰凡起徒役無過家一人管子與周官合

比耒耜穀芨　王云穀芨當依齊語作枷芟尹注云芨音

捶隆業尹所見本作芟紙韻內有此字從蕟省
及寒擊槀除田　業齋語槀作菓
樸野而不慝　業齋語作野處而不暱韋注云暱近也失之
負任擔荷　業宋公庠國語補音作儋何依說文也
相陳以知賈　丁云齋語及此文竝衍知字賈讀如平市
賈云賈相陳以賈與上文二句對文隆業尹注賈知物
賈相與陳說則本文無知字審矣
正旅舊則民不惰　劉云齋語作政不旅舊則民不偷旅舊
棄故舊不用如旅也或疑乃施字误所謂故舊不遺則民
不偷隆業上文民不移矣矣字衍疑本是政字屬下讀合
於齋語云云特今本不字又譌為正耳遂覺文義適相

背戾施誤爲旅劉説得之論語君子不施其親即此施字
則民不惑　丁云不惑齊語作不憾誤隆案古憾字作感與惑
形近
犧牲不勞　劉云勞齊語作略隆案勞略一聲之轉方言搜
略求也後漢董卓傳剽虜資物謂之搜牢
則牛馬育　案齊語育作遂廣雅遂育也幼官七法育男女兵
法作遂男女二字同義
舉財長工以止民用　案財與材通指人説止疑正字誤
舉而嚴用之　劉云嚴齊語作業皆敬也隆案嚴業一聲之
轉爾雅業敘也
寬政役　案政與征同

有守圉之備矣　案齊語圉作禦

軌長率之　案齊語率作帥周禮故書帥作率鄭司農云率當為帥

禍福相憂　戴云福字涉上文祭祀相福而衍元刻無福字謹案齊語云禍災共之是也蓋福不可言憂緣是元本删去福字但與下文居處相樂句法參差惠氏士奇禮説引此文作禍患以意改之亦不足據管子災字多作甾字形近畐字又因上禍字加示旁寫刻之誤可知矣

以横行於天下　案齊語横作方韋解云方讀為横韋蓋據管子以改之也管子與齊語異者皆當以聲求之齊語之方即旁字管子之横與廣字義近説文旁溥也禮記祭義溥之

筋骨秀出於衆者　案上文既言有拳勇股肱之力可勿言筋骨矣力者言其成效泛言筋骨豈稱選士之法若謂筋骨即力則是意複也下文無筋骨二字當據删齊語亦無

而横乎四海是旁即横、之義漢書馮異傳引書横、被四表今堯典作光被詩敬之毛傳光廣也孔子閒居以横於天下注横充也書方行天下○水經注云齊人言廣、音與光同

有拳勇　案齊語同說文引齊語作捲捲拳一字耳玉篇廣韻作搼

維順端慤以待時　劉云順一作慎隆案齊語正作慎

其稱秉言則足以補官之不善政　案稱有舉義爾雅釋言偁舉也說文爯爯爯并舉也偁揚也喪大記君稱言注稱言舉所以來之詞也○齊語稱秉言作綏謗言上有其勸二字勸舉謫言即子產不毁鄉校之義管子雖無勸字然於文義無涉韋讀齊語綏字訓止〻謫言與下文義不相

肾矣且亦何待勸耶然則管子稿字未必誤齊語雖仍作經
而韋注絕不可通矣舊說又讀東爲聚嫌政字删之

正月之朝五屬大夫復事於公　戴云册府元龜二百三十九引
國君部引此文無於字公下屬讀隆案當讀五屬大夫復
事句與上文正月之朝鄉長復事一例於俗作扵與桓字
形近而譌桓公二字屬下讀齊語不誤

政事其不治　戴云其字衍册府元龜引無隆案宋蔡本其作
衍當是校者語謂其字衍耳

鋸欘　案攷工記釋文欘本或作斸同此

擇其沈亂者而先政之　戴云齊語政作征隆案政征同尹
注云以政正也就政字作訓誤

反其侵地常潛　戴云齊語常作棠隆案春秋之棠魯頌之常未知孰是陳奐毛詩傳疏有説

使海於有弊渠彌於河陼綱山於有牢　齊語弊作蔽彌作弭河作有陼作渚綱作環宋本管子河亦作有當不誤綱蔡本作縄隆案縄當為繯字之壞也今本作綱誤廣成頌繯橐四野之飛征注引齊語韋昭注云繯還也蓋賈所據齊語作繯與韋本異韋本環字即繯之通假補音以為舊音韋本作繯賈本作環乃互誤耳

有教士三萬人革車八百乘　王氏引之云八當為六隆案説苑尊賢篇齊景公曰昔我先君桓公長轂八百乘以霸諸侯八亦六之誤

割越地南據宋鄭征伐楚　戴云齊語南字在征伐楚上此誤移在據宋鄭上耳隆案戴校是今本文法未順若論地勢不獨宋鄭在南并越在南矣由越至宋鄭必北向又由宋鄭至楚則南向也此古人屬辭之法謂自此南征而伐楚非征伐二字連讀也霸形篇楚欲吞宋鄭桓公以鄭城與宋水爲請遂南伐及踰方城濟於汝水望汶山此其明證

使貢絲於周室成周反胙於隆嶽荊州諸侯莫不來服

案朱本室上無周字疑室亦當衍使貢絲於成周爲句史記齊世家命燕君復修召公之政納貢於周如成康之時又燕世家使燕共貢天子如成周時職皆其證○宋云國語反胙於絳賈唐紛紛之說竝非也隆案古降隆二字通用疑古本

國語作降獄絳即降之譌耳

制泠支　案齊語作制令支大匡篇亦作令支史記齊世家作離支集解云地理志曰令支縣有孤竹城疑離支即令支也令離聲相近應劭曰令音鈴鈴離聲亦相近管子亦作離字如集解所云則管子古本作離矣

與卑耳之貉　案齊語貉作辟耳之谿封禪篇作卑耳之山史記齊世家東馬懸車登太行至卑耳山而還正義曰卑音壁集解云韋昭曰將上山纏束其馬懸鉤其車也卑耳即齊語所謂辟耳索隱曰卑耳山名在河東大陽卑讀如字也齊語即春秋外傳國語云耆也辟音僻賈逵云山險也案辟卑聲轉最近如卑者即陛居

拘秦夏　丁云秦夏疑泰夏之誤泰與大同戴云封禪篇西伐大夏
涉流沙則大夏蓋國名拘者謂係累其君而歸也洪業齋語
作拘夏韋解云拘夏辟耳之谿也韋誤屬上讀因解拘夏為
谿名丁説秦為泰誤是史記封禪書齊世家並作西伐大夏正義
曰大夏并州晉陽是也尹注云與穿耳之貉共拘秦夏之不服者
誤字誤解下文始言秦戎此非其地也○史記言伐此言拘者或
伐而拘止其君如春秋傳晉人止公也一説拘當為扜形近而
譌霸形篇曰東存晉公於南是其證劉云拘與秦夏皆地
名則更謬矣

西虞　業齋語虞作吳

賞服大路　齋語作大輅唐尚書云大路非也公序本作路

解云大路玉路非也史記集解引賈逵曰大路諸侯朝服之車謂之金路隆案韋謂金是玉非從賈說蓋所見本作路不作輅也

龍旗九游　案齊語作九旒說文游旌旗之流也游旒古今字

衛人出旅於曹　齊語旅作廬左傳同

於是天下之諸侯知桓公之為已勤也　齊語作非為已勤也隆案勤動義相近非字衍

牆載而歸　案齊語牆作稛補音作稛

於是又大施忠焉　戴云劉本忠作惠隆案齊語亦作忠下文云諸侯稱仁焉此忠字疑本作忎古文仁字見說文〇忠或

㤅字誤說文㤅惠也通作愛廣雅愛仁也施愛猶施仁也
偃五兵 戴云朱本作隱五丹 隆案今朱本亦作偃五兵戴
校㤅誤隱偃一聲之轉詩魚麗釋文隱本又作偃
朝服以濟河而無怵惕焉 案宋本怵作休楚語以休懼其
動贅賸司農注引作怵釋文北本作休亦同此
居處則順出則有成功 案當作出則有功此涉上文成功而
衍成字
人君唯優與不敏為不可優則亡衆不敏不及事 宋云宋
本優皆作僾、訓隱言人君自隱其情使不可知則人不附之故
曰優則亡衆也 隆案說文薆蔽不見也爾雅薆隱也大雅
愛莫助之毛傳曰愛隱也依說文從竹為正字○宋本優作

而宋本皆作怵
此條刪

僾意林引作不愛則亡衆不敏則不及事宋連上僾字改
僾據宋本爲說詳前今案趙本僾則亡衆同宋本不誤宋
本僾字實卽不僾二字之譌亻旁是不字之壞寫者又從
而併之耳不愛則亡衆說文㤅惠也廣雅㤅仁也文義豈不明暢乃宋
云人君自隱其情使不可知則人不附之未免憑臆嘗謂劉
趙諸本較宋本稍次而羣書所引則較宋本爲善卽此可
見矣不敏下則字當據補且如則字則意林所據本直出
宋本之上益知意林作不愛之不妄也

小廉而苛忕　戴云宋本苛作荷古字通隆案古書多假荷
爲苛說文苛小艸也苛爲小艸故有細義對小字言之忕當
爲忕音逝習也郭注爾雅云狃忕復爲

足恭而辭結　趙本讀足上聲隆案足當讀如字與辭對文
論語巧言令色足恭禮記表記子曰君子不失足於人○結
讀為給尚書大傳曰多聞而齊給

墾草入邑　丁云入邑韓子外儲說作仞邑新序雜事篇作
刱邑呂氏春秋勿躬篇作大邑隆案入邑不可解疑乂字
誤爾雅乂治也釋文乂或作刈同說文乂作⿱辟乂與刈同字
乂從辟者治以墾辟辟除為義呂氏春秋勿躬篇作大
邑大亦乂之誤

臣不如王子城父　案上文同韓子外儲說說苑君道篇作公
子成父新序雜事篇作王子成甫呂氏春秋勿躬篇同
管子史記律書而齋用王子索隱曰徐廣云子成父

請立爲大司田　王云大司田本作司田此因大司馬之文而誤衍也羣書治要作請立以爲司田無大字丁云呂氏春秋勿躬篇韓子外儲說皆作大田晏子春秋問篇桓公聞寗戚歌舉以爲大田淮南繆稱篇甯戚擊牛角而歌桓公舉以爲大田高注大田田官也大田爲田官之長與大行大司馬大理大諫之官皆一例司字蓋衍不得據治要反改爲司田也隆案丁說是禮記月令命田舍東郊鄭注田爲田畯主農之官是也則又單稱田官爲田矣何病無司字而不謂大田爲田官之長耶禮諸侯三卿司徒司馬司空桓公時既有大司馬則大田即大司徒與

宋本附音

鞈革甲反　案見小匡篇

擉步六反　案見小匡篇當作陟玉反

帳七東反　案見小匡篇未詳

霸形第二十二

有貳鴻飛而過之　案御覽人事四百七十四羽族九百十六引貳皆作二是也說文弍古文二

非唯有羽翼之故　案戒篇非作夫

今彼鴻鵠有時而南　戴本藝文類聚引無鵠字御覽有隆案上文言二鴻下文言飛鴻言鴻不當有鵠字然御覽兩引皆有之選二十三之九引亦有疑據已誤之本衍鵠字鴻鵠大鳥名詩豳風之鴻即戰國策所謂黃鵠見於經者唯此鴻為最大之鳥耳

古鴻雁字作鳿以其雁之大故通假作鴻但鳿或可冒名為鴻斷不可冒名作鵠更不得連名之作 鴻鵠其說段氏說文注詳矣據此則鴻下鵠字必當刪戒篇亦誤○鴻鵠見孟子存攷

則必從其本事矣 丁云本事之事涉上文大事而衍 隆案丁說是孟子梁惠篇蓋亦反其本矣則盍反其本矣句相同

紐胃 案宋蔡本胃作肯說文肎或作肯

令又疾病 案上文又作有有又通

言脫於口令不得行於天下 案令上當有而字

併歌舞之樂 案併與屏同

寡人以代鐘磬之縣 元本以作已 隆案以已古通用不必改已下

十學禮齋藁本

文以定三君之居處同
於是桓公曰諾因命以車百乘　案於是二字疑當在因命之
上下文桓公曰諾於是以虎豹皮文錦使諸侯
則令固始行於天下矣　案固之爲言猶故也識鄭箋儀禮禮記鄭注二字古通
用爾雅古故也說文古故也从十口識前言者也故使爲之也
楚辭注故古也廣雅古始也故古同訓古始亦同義古爲始故
始亦爲始矣也爾雅又曰故今也郭注云今亦爲故故亦爲今
然則故始猶云今始矣終古齊人語其謂今始爲古始殆亦
古方言與
燒焫熯焚　案焫當爲焫廣雅焫爇也說文爇燒也秦策
則秦且燒焫滅君之國注燒焫猶滅壞一切經音義十二

焫古文爇同○熯古然字說文然燒也
屋之燒者　案之字疑衍屋燒者與城壞者對文下同
知失於内　案知疑信字誤信失於内承上不信於楚言之

霸言第二十三

鄰國有事鄰國得焉　案當作鄰國存焉下文云鄰國亡焉存亡對文承上國存國亡言之
鈎分以鈎天下之衆而臣之　案鈎當為鈞〻均同義猶上文卑禮以下畀下亦同義尹注以引字釋鈎字所據本已誤左成六年傳善鈞從衆與此義合○戴云中立本鈎作鈞隆案中立本仍作鈎戴校誤
以明威之振　案振與震同劉云以我明威之振征伐人者合天下

之權而總之注誤非
夫一言而壽國不聽而國亡　案壽國連讀上文云國在危亡而
能壽者明聖也所謂壽國也一言而壽國不聽其言而國亡元
本壽字句國字下屬非
精時者　案當作當時者承上不如當時言之
埊近而攻遠　案尹注仍是地字惟此及山權數篇作埊之字造於
唐武后管子原書必不作埊也
千乘之國得其守　戴云宋蔡本得上有可字衍文陳云有可
字是也可得其守與下文可得而臣可得而有其句例隆案千
乘之國得其守與萬乘之國失其守對文疑宋本可字衍言
得其守則諸侯可得臣天下可得有三句不竝列陳説非

鄰國皆險已獨易國非其國也　宋蔡本作國國非其國案衍一國字是上句注中語上句注云易平易不守固謂國無守禦之備也今本注中脫國字而因入正文耳

夫上夾而下苴　案夾與狹同周禮司市釋文廣夾即廣狹廣雅夾古匝次遒迫促近也夾與迫促同訓則夾即狹也後漢駒驪傳東西夾南北長李賢注夾音狹說文陜隘也陜狹通宋云夾者陜之省○王云苴與粗同宋云苴當為莧寬之省也蓋謂上陜下寬耳說文寬从宀莧耳莧从兔足苜聲則寬亦可假苜字也苜古音讀如丸

政平則人安士　戴云士當為土屬上讀人安土與兵勝敵對文陸案士即事之借

勳作勝之　戴云元本劉本皆無此四句隆案豈因注五勝字而後人妄加之耶毫無意義似非舊本所有籀文四作三與五字形近易譌

伐過不伐及　戴云宋本元本及上有不字隆案不及對過言對順為逆對易為險例見上文

四封之内以正使之　業正同政〻權地刑四者並列

問第二十四

則士輕死節　丁云節者士所最重不可言輕節字衍士輕死謂不惜其死也隆案或作士死節謂死於節也死與義和合韻十五十七之合節與紀間韻管子屢言死節似死節是

上帥士以人之所戴　尹注云上師其士所為者今注師亦譌帥則本

文作上師士審矣隆案上與尚同師士在官之士也廣雅師官也禮記祭法注官師中士下士爾雅髦士官也儀禮士相見禮注居官謂士以下可證師士之即官士統在官之士言之矣爾雅又曰師衆也人也士有上中下三等統言人衆義亦合上師士與上文授有德予有功同義尹注非是

然後聞事事先大功　尹注云先聞大功隆案據注疑當作聞先大功功事也若云事先大事則不辭矣下文政自小始政亦事也惟是見諸施行則洪由纖起耳

問國之有功大者　案功大當作大功

時簡稽帥馬牛之肥瘠　陳云帥當爲師字之誤師下疑脫

田字周官冢宰聽師田以簡稽隆案陳説是大司徒州長若國作民而師田行役之事然則言師不言田非也牛人凡會同軍旅行役共其兵車之牛校人凡軍事物馬而頒之若軍帥不當與馬牛竝舉尹讀帥字句非

各主異位毋使讒人亂普而德營九軍之親 隆案丁説是見管子校正引 人親為韻 上文云治兮本理唐人所改 國之道地德為首君臣之禮父子之親覆育萬人即是治遍乃德之義詩天保羣黎百姓徧為爾德序所謂君能下下以成其政也上言萬人此言諸侯推廣言之耳

邊信傷德厚 案五字句讀與上文兩句竝列邊信當作小信與小利小怨一例此涉上邊吏而誤

宋本附音

燏而悅反　案見霸形篇

戒第二十六

標目遂再錄正曰　案正當為命　上文標目遂再錄命由是其

證

御正六氣之變　案御正不屬疑當作御止猶下文言禁止

靜然定生　案靜然當作靜欲與定生對文尹注曰欲靜則

生定所據本不誤

四時云下而萬物化　王云下字衍宋云下疑是行字誤分兩

字隆業元本下二句皆有而字惟此獨無蓋下即而字之壞

寫者又據未壞之本增入而字於是衍一下字矣尹注下字

十四

學禮齋藁本

亦後人所加注文曰云運動皃也則本無下字矣

而萬物情　劉云一本作萬情得是也夏文燾曰詳尹注則一本爲是隆案劉所據未知何本以隆所見本皆作萬物情或謂萬物情嫌與萬物化句複竊謂管子古本萬功成亦作萬物成三句一例尹注可證也草書物作物與功字形近故物譌爲功耳尹注猶可據改且尹注萬物莫不得其情亦作萬物不作萬情情作性情解不得不加得字以足成其義此尹之曲説也情與誠通

弛弓脱釺而迎之　案類要引釺作杅此嚴鐵橋校影宋本必無誤也杅木名漢書有杅盾此則借杅爲釺

今夫鴻鵠　案鵠字衍下同説見霸形

桓公蹵然逡遁　案晏子春秋問篇漢平當傳贊三禮注竝作逡遁（漢鄭固碑云逡遁退讓）小問篇及荀子作遵遁晏子問篇漢萬章傳作逡循（方言逡循也）莊子至樂作蹲循文選上林賦注引廣雅曰逡巡卻退也（玉篇逡巡也還也卻也　廣韻逡巡退也）

參宥而後弊　陳云後劉本作友云反之誤　隆案宋本凡後字作后友即后之誤耳

門傳施城　丁云門字衍洪云施城當作方城尹注非　隆案尹注方（今亦譌施）城楚城名蓋本左傳楚國方城以為城傳近也爾雅歷傳也郭注傳近

北伐山戎出冬蔥與戎叔布之天下　御覽百穀八百四十一引作桓公伐山戎得戎菽以布天下　齊民要術卷十葵下引管子

曰桓公北伐山戎世（疑出字誤）冬葵布之天下詩生民正義引郭璞云春秋齊侯來獻戎捷穀梁傳曰戎菽也管子亦云北伐山戎出冬葱及戎菽布之天下今之胡豆是也穀梁莊三十一年傳疏引管子云出戎菽及冬葱布之天下殷敬順列子釋文引作齊桓公北之岱山采得冬葱及戎菽布之天下任大椿校異云今本載此條引管子云齊桓公北伐得冬葱及戎菽布之天下蓋本管子及齊世家與釋文此條齊桓公北之岱山異僅棄據御覽及列子釋文出一本作得尹注云今伐之取其物蓋亦作得矣齊民要術作冬葵所見異本列子釋文作北之岱山疑有誤戎作茙俗叔與菽同（莊子列禦寇食以芻叔漢昭帝紀以叔粟當賦並與菽同大雅生民禮記檀弓左氏春秋定元年釋文尗叔並作叔）說文作尗

中婦諸子　侈靡篇作中寢諸子疑婦即寢之譌禮記曲禮曰公侯有夫人有世婦有妻有妾又曰自世婦以下自稱曰婢子鄭注周禮云夫人以下分居后之六宮者又云婦人稱寢曰宮后象王立六宮亦正寢一燕寢五若今稱王后謂中宮也塗案天子之后六宮諸侯夫人當三宮正寢一左右寢一夫人以下皆謂之妾故稱諸子分居宮中故曰中寢左襄十九年哀五年傳諸子兩見杜預謂諸妾姓子固非傅遜說以諸子為內官亦未必是蓋左氏無言內官之號者當是衆妾之統稱其在中寢者必佐夫人治內為內官也故得掌宮中女子而以君行出從者之○或衆妾居宮中故曰中寢居宮中為內官故曰中婦諸侯有中婦當周禮之世婦皆為內官之號中婦中寢異而同也

握路家五十室　王氏以握為振字誤惠半農説周禮肆師儳
布云儳布者無肆立持之布集韻云儳鏨也音才鑒切徐邈
讀詩云抱布抱此管子云握路握此也鄭司農云布參印書
廣二寸長二尺以為幣貿易物此立持之布與管子謂隰朋於
國有不知政於家有不知事舉齊國之幣握路家五十室而其
人不知握猶持也古之儳布也肆長斂之廛人掌之而朋不與焉
宋云握通渥言沾濡之意隆案惠説本尹注宋説與王氏略同
善言而不能以信默　案元本朱本信默作足息尹注是信默
猳而不使也　王云猳宋本朱本皆作椵隆案宋楊忱本明朱
東光本皆作猳趙本亦然僅宋蔡潛道本作椵類篇椵居
牙切音加因椷

今夫豎刁 棠左傳作貂
易牙與衛公子內與豎刁因共殺羣吏而立公子無虧 棠公子下脫開方二字或內與二字即開方之譌 草書開作闹近內與作与近方 左傳十七年傳易牙入與寺人貂因內寵以殺羣吏而立公子無虧據傳開方不與齊亂因字下當補內寵二字史記齊世家同
桓公立四十二年 棠元本朱本作十四年誤攷左氏春秋傳魯莊公九年雍廩殺無知桓公入齊召管仲至僖公十七年桓公卒凡歷四十三年此或不數入齊之年蓋無知殺於是年之春也然大匡篇曰桓公踐位一年召管仲是入齊之年即為桓公元年既為桓公元年則不止四十二年矣俟攷

地圖第二十七

參患第二十八

若夫世主則不然　案世疑亡字誤

制分第二十九

呼微則敵人戒　案朱本脫微字此蒙上文不呼微而言當有

則刃游閒也　案閒讀如澗墨子經上篇云有閒中也經說上云

閒謂夾者也

故夫道不行虛不足從人事荒亂　劉云從字爲句舊讀下非

故莫知其將至也至不能止待　案莫知四句對文尹注本待字下

屬爲句非

君臣上第三十

爲人君者修官上之道而不言其中　案朱本中作國非廣

雅官君也官上卽君上也中官中治事處也

而足以飾官化下者　案朱本化下二字誤倒

而足以脩義從令者　王云脩當爲循循從也　案下文云下之事上不虛則循義從令者審也是其證

上下相希若望參表　案希讀爲睎說文睎望也呂氏春秋不屈篇云或操表掇以善睎望方言睎眄也東齊青徐之閒曰睎段氏曰說文無希字而希聲字多有疑奪古多假希爲睎如漢公孫宏傳希世用事晉虞溥傳希顏之徒是也淮謂莊子讓王篇希世而行司馬彪注云希望也希亦睎之假

爲人臣者上共專於上　案專於上疑當作專於令尹注云臣當上供從君之命令乃專上之權故主失威劉云此言臣奪君職供

甚尊令

是故知善人君也　案宋本脱知字知與智同

是以上及下之事謂之矯　案朱本作下及上涉下文而誤

而無道之君既已設法則舍法而行私者也　案已乃亡字誤亡與無字同無道之君既無設法與有道之君善明設法對文且與下文則舍法而行私句相貫注矣

大臣假於女之能以規主情　丁云規古窺字說文窺小視也荀子非十二子篇䁠䁠然楊注規規小見之貌　隆案方言闚視也凡相竊視南楚謂之闚易觀窺闚觀虞注竊觀稱闚釋文闚本作窺窺䁠闚竝與規同

衣服緷絻　尹注緷絻古袞冕字　隆案韻書緷古本切同聲

假借

言歲一者　陳云一言當是省之譌歲省者君也與時省者相也月稽者官也句法相同隆案劉云一作王省惟歲所見本未必可從然可為正文作省之證○又案一言成詧之譌詧省稽三字對文顏氏家訓書證篇詧古察字

量實義美匡請所疑　丁云實功實也隆案呂覽觀世覽聞察實者不留聲注訓實為功實孟子告子下注實治國惠民之功實也是其義

道者誠人之姓也　戴云誠當為成姓當為生皆聲相近而誤隆案姓當為性易繫辭上傳一陰一陽之謂道繼之者善也成之者性也道者一而已矣故性無不善陰陽之分際即理也順

其理之爲謂道以是成人之性故人性皆善

善以傳善　戴云傳當爲傅字之誤隆案爾雅傅相也君善臣

亦善是相助之也上文云制令傳於相宋本劉本作傅尹注云令

因相傅相傅猶相助也

宋本附音

俴音踐詩云俴駟孔甚　見參患篇攷工記函人則是以博

爲帴也鄭司農云帴讀爲翦翦謂以廣爲狹也玄謂翦者

如俴淺之俴俴淺也劉昌宗俴音仕顯反翦俴淺三字同音通用既夕

禮云緇翦鄭注翦淺也今文翦作淺　宋本音踐、亦戔聲詩鄭風有踐家室

毛傳踐淺也秦風小戎俴收傳俴淺也俴淺爾雅文　又俴駟孔

羣傳俴駟四介馬也箋云俴淺也謂以薄金爲介之札介

甲也此箋申傳義孔犀作孔甚疑涉毛傳孔甚之訓而譌且引詩不舉俴收而舉俴駟亦本韓詩義小戎釋文引韓詩云駟馬不著甲曰俴駟尹注參患篇云俴謂無甲單衣者又云俴單也與韓詩合

管子校釋卷四

吴縣原籍秀水王大隆學

君臣下篇第三十一

未有夫婦妃匹之合　業案宋本中立本脫未字〇丁云廣韻去聲十二霽媲配也匹詣切又作𨈐見管子疑此文妃匹古本當作𨈐匹隆案玉篇𨈐偶也集韻𨈐匹計切音媲則又本諸廣韻矣然爾雅詩毛傳說文爾雅妃匹合也妃匹也妃合對也妃媲也詩皇矣毛傳配媲也說文媲妃也妃合也有媲無𨈐疑管子𨈐字卽媲之譌蓋管子本作媲廣韻所據本乃作𨈐也

是故明君飾食飲弔傷之禮而物屬之者也　戴云宋本屬作厲涉下屬之而誤隆案作厲亦通厲讀爲賴古音同

頗多通用見公羊釋文論語鄭注

則民親君可用也　案則民二字疑當在可用之上下句民用則天下可致也冡上民可用言民可用與天下可致合句例也

夫水波而上盡其搖而復下　戴云波爲播之假字言水播蕩而上盡其動搖而復下也波與播古字通隆案禹貢滎波馬鄭王本作播周禮職方氏其浸波溠鄭注波讀爲播皆其證波搖亦同義文選西京賦李善注波盪搖動也

故德之以懷也　案朱本德作得

墳然若一父之子　案朱本無之字

貴賤有義　案義儀古今字

[redacted]

沈疑得民之道也　案下云沈疑解上伏寇二字得民當作㝵君下文云沈疑之得民也亦當作稱㝵君㝵奪也言伏寇奪君之威惠耳隆案觀下文校婦襲主之請是言君非言民矣沈讀淫侵之淫古沈淫通用小匡篇沈亂齊語是淫亂淫僭也吳語注疑亦僭下文侵賞奪之惠侵刑奪之威亦屬君言皆與此文同義

四者有一至敗敵人謀之　王云至字因上文而至字而衍敗當作則字之誤也隆案至字非衍

四守者得則治　案守字涉下守固而衍

沈疑之得民也者前貴而後賤者為之驅也　戴云宋本作沈疑者得民者也隆案宋本是也得讀為㝵說文見部曰㝵取也又攴部曰敓彊取也引周書敓攘矯虔今呂刑篇敓作奪㝵敓奪三字同作得者假借耳沈疑者即彊取之義前貴後賤者又沈疑之義此所以伏寇在側也尹注不為得字作解乃誤為得失之得矣

刑罰亟近也　案宋本也作之誤近讀為幾二字古多通用爾雅幾危也說文危在高而懼也

故本[illegible][illegible]之

比黨者誅明也　劉云明字疑衍　隆案尹注云君明故比黨者誅之此承明君在上言而於誅下不贅一明字尹所據本無

脅其君者也　案宋本無者字

親其事者不規其道　案淮南主術注規謀也大玄玄攡規之者思也皆與此規字義近

則禮制立矣　案宋本制作智

明君無道　案宋本道下有也字

惑其所術也　案術當術也下有明君之道也

則齊民以政刑牽於衣食之利　丁云齊民猶言平民　隆案漢書食貨志下亂齊民注無有貴賤謂之齊民若今平民

也矣淮南原道注齋於萬民故曰齋儆真注齋民凡民齋
於民也

此先王所以明德圍姦昭公威私也　丁云威乃滅字誤詩正
月傳威滅也君臣上篇此明公道而滅姦偽之術也是其
證隆案書云以公滅私民其允懷是威私二字所本正月釋
文威齋人語也崔子齋人故爲齋語矣○又案圍讀爲禦威
讀爲畏明德圍姦者明德以禦姦也昭公威私者昭公以畏
私也常棣死喪之威傳威畏也是威畏同義

明立寵設不以逆子偽義禮私愛驩勢不竝倫爵位雖尊
禮無不行　戴云宋本明立作明妾隆案作妾是也明妾
寵設不以逆子偽義設猶置也言妾寵之置其所生子爲

庶子不能與適子竝尊明乎此者則不以妾寵之故逐適子而傷義也禮私愛雖勢不竝倫爵位雖尊禮無不行所謂義也下文曰内有疑妻之妾此宮亂也庶有疑適之子此家亂也君臣上曰婦人嬖寵於男之知以授外權於是乎外夫人而危太子霸形篇曰毋擅廢適子毋置退妾以爲妻文義皆與此同若依今本妾作立則於文義不明

内有疑妻之妾　宋云疑讀爲儗僭也此也下兩疑字同漢書食貨志遠方之能疑者顔注疑讀曰儗儗僭也陸案疑儗擬義竝同韓子說鈴篇故曰孽有擬適之子配有擬妻之妾廷有擬相之臣臣有擬主之寵此四者國之所危也說苑反質篇晉文公合諸侯而盟曰無以美妾疑妻

此二亡也　案朱本二下有者字

故妻必定子必正相必直立以聽官必中信以敬　案正篇云致政

其民服信以聽致德其民和平以靜句法相似左傳亦云和平以聽

大臣亂曰稱述中民亂曰讋謗　丁云爾雅曰稱好也述遂古字

通隆業稱遂有肆行無忌之義說文讋失气言一曰言不止

也讀若慴讘多言也慴讘亦同聲義家語五儀解無取啍啍

啍啍誕也王肅注啍啍多言誕欺詐也與此謗字義相近多言

即言不止之意多言而誕故謂之讋謗二字義亦相因

小稱第三十二

當民之毀譽也則莫歸問於家矣　張云莫歸問於家謂善

與過視民之譽毀不必問之家人或欲改家為我非也隆業改

家爲我亦通上文云故我有善則立譽我我有過則立毀我故疑
家亦我字誤說文𢦐古文我字𢦐與家形近謂有善則譽有
惡則毀欲知己之善惡即視民之毀譽不待反觀而後知也
聖人托可好我托可惡以求王改美名又可得乎我托可惡憂且不
能爲我能也　案宋本作我托可惡我托可惡以求美名又可
得乎下接憂且句似文義較順上二句以聖人與我對言下乃
就我一邊說我能之能當作得字與上句得字相應尹注云
雖令人憂猶不得美名是其證
去惡充以求美名又可得乎　案充疑名字誤惡名對美名言
欲去惡名以求美名美名終不可得也
故遫獸可及　案遫與速同釋獸曰鹿其跡速亦以速疾得

名說文速籒文遬段氏云二傳作速公羊作遬如衛侯遬

仲孫遬

皆待此而為治亂　案亂字衍此承上文大以理天下小以治一人言治字與國為韻尹注謂無之則亂據誤本曲為之說也

審行之審毋怠　案毋怠二字疑衍下句審去之身是其例

故之身若使之愛惡　俞云上之字衍　隆案之上有脫字

堂巫一節　案上下文皆言堂巫管子對公惟烝嬰兒一節不應獨遺堂巫疑有脫文呂氏春秋知接篇從堂巫於豎刀下當據補

四人分齊國　案朱本分下衍其字

葬以楊門之扇　丁云呂覽作蓋以楊門之扇三月不葬尹注云謂用門扇以掩葬〔屍〕也疑所見本亦是蓋字故以掩釋蓋也　隆案

桓公又問曰仲父寡人　案仲父二字衍

丁說是亂作時未及殯以是掩蓋之齊既有君豈有葬
諸侯禮如此耶一字之誤闔係匪小
闔不起為寡人壽乎　戴云治要御覽禮儀部十八引闔俱作
盇古字通陸案爾雅闔盇也
使公毋忘出如莒時也　王云時字衍陸案御覽方術部
車部引尸子鮑叔為桓公祝曰使臣無忘在莒時管子
無忘在魯時武子無忘車下時三句皆有時字而仍以莒
魯下為韻依尸子則此文莒魯下皆當補時字

四稱篇第三十三

獠獵畢弋　案爾雅宵田為獠郭注引管子曰獠獵畢弋今江
東亦呼獵為獠音遼或曰即今夜獵載鑪照也

内削其民以爲攻伐　案攻伐當作功伐伐亦功也周禮司勳明其等曰伐削民即以肥國故曰以功居若以攻伐二字通讀削字之義未免迂曲失之尹注云反以削民爲伐功也雖誤讀爲矜伐之伐然可爲本文作功伐之證荀子臣道篇功伐足以成國之大利者

近君爲拂遠君爲輔　案拂與弼同孝經注左輔右弼釋文弼本又作拂爾雅弼輔俌也郭注俌猶輔也廣雅拂輔也大戴禮保傅篇誠立而敢斷輔善而相義者謂之充充者充天子之志也常立於左是太公也絜廉而切直匡過而諫邪者謂之弼弼者拂天子之過者也常立於右是召公也盧注充者輔善故或謂之輔荀子臣道篇有能抗君之命竊君之重反君之事以安國之危除君之辱功伐足以成國之大利謂之拂注

拂讀為弼　賈子云拂者拂天子之過也越語懵輔遠弼韋解

相導為輔矯過為弼諸言輔弼者或與管子近遠之義不

相比附案拂之為言逆也逆兼迎距言迎合是近義易彖

傳云比輔也二人為从反从為比是輔有遠義證以廣雅則

散文亦通矣

不蘄止已　王云止當為正字之誤也隆案止與無同已止也言

無道之君不蘄不止也王說似誤

見賢若貸　尹注云其見賢人無敬慕之心反欲規利若求貸

然隆案尹說非也貸當為貣涉上下文貸字而誤貣或作貳

又作忒爾雅釋詁曰貣疑也詩鳲鳩其儀不忒毛傳曰忒疑也

古字作貣今通作貸貸與貣形近正相似貣之誤為貸猶貣

之誤為貳矣云見賢若貸者言見賢者若疑而勿用也若依注作貸字解於義不通矣

不修先故　王云脩當為循言不遵先故也

迷或其君　戴云宋本或並作惑陸案或與惑通論語顏淵篇子張問崇德辨惑釋文惑本亦作或大戴禮曾子制言篇貧賤吾恐其或失也盧注曰或猶惑也孟子告子篇無或乎王之不智也魏策曰臣甚或之皆以或為惑

捕援貸人　丁云捕疑搏字誤搏與專同陸案集韻摶徒官切與摶同又摶朱遄切音專擅也說文擅專也

正言第三十四　闕

侈靡第三十五　案通篇文字古奧難讀尹多曲解姑就

各本畧文標出之

混吾之美在下　尹注云修古而已混同也是所據本作混同審
矣混與渾同大也廣雅渾渾大也文選注渾大也混同猶大同與

耕以自養以其餘應良天子故平　尹注云有時而賦曰良隆案
此六字或係俗人羼入

故卿而不理　案理即治字避諱改天子南鄉即恭己無為之意
不治即無為之意立政篇勢篇曰無為者帝

是以下名而上實也　案朱本脫實字

鵙然若譪之靜動人意以怨蕩蕩若流水使人思之人所生往
教教始也身必備之　困學紀聞云鵙吺古文尚書驩兜字
也管子曰鵙然若譪之靜即驩字隆案廣韻二十六桓鵙字

下曰驩兜四凶名古文尚書作鴅鴅卽鵻字之譌謞集韻類篇音孝與嗃同大嘷也集韻嗃聲也謞字見莊子春秋繁露但聲之静何以動人心怨且怨與驩義不相承頗難通解尹以謞鵻然句連上讀注云去除熱氣而和順雖有謞譟之人亦皆恬静則謞當讀爲熇說文熇火熱也集韻熇炎氣也爾雅謞謞卽大雅熇熇又通歊說文歊歊氣出皃漢楊雄傳淳滃雲而散歊烝上文云謞然若夏雲之静乃及人之體夏雲多熱雲静則人體驩然亦自覺炎氣之静尹讀或是動人意以怨怨字終覺格不相入怨疑作苑詩都人士我心苑結釋文作菀徐音鬱素冠我心蘊結兮苑蘊同聲淮南子俶真篇形傷於寒暑燥溼之虐者形苑而神壯高注云苑枯病也苑讀南陽宛之宛繁露

循天之道篇鶴之所以壽者無宛氣於中是故道者亦不宛氣宛苑亦同義宛氣卽是鬱氣故徐讀苑如鬱矣詩雲漢蘊隆蟲蟲韓詩作鬱隆蘊鬱聲之轉苑鬱亦聲之轉毛傳云蘊蘊而暑蘊俗薀字暑氣鬱然人之心志亦鬱然素問至眞要大論云諸氣膹鬱動人意以苑者解動人心之鬱氣也尋繹文義確如解若仍怨字不改恐終不可通矣

身必備之　丁云備乃犕之誤犕與服同權修篇上身服以先之法法篇先民服也荀子宥坐篇上先服之隆案備本作僃僃備與犕形近易繫辭服牛說文作犕牛後漢皇甫嵩傳注犕古服字

若樊神山祭之　案若疑君字誤尹注有君字

雲平而雨不甚無委雲以助之雨則遬已　桒朱本作雨平而雲

不甚無委雲、、則遬已恐誤尹注不誤

親左有用無用則辟之若相為有非怨　桒當作親左有用無

用句無用則辟之句言相為非怨今本脫無用二字衍有字

言又譌若尹注云則有為用者不為用者不為用者此四字宋本有辟

猶言宋本朱本譌亦有中不中此但為怨非而已宋本朱本作以親之無益也

本文之譌衍可據尹注改正一二餘詳丁說○言相為非怨句

既下屬若字不改為言亦通然尹注是言字

而祀譚次祖　丁云譚與覃通隆桒尹注譚延也尹蓋讀譚

為延爾雅覃延也詩生民釋文覃本作譚

祀詛渝盟傷言　桒朱本脫言字尹注有○祀毀也見楚語

韋注

忽然易鄉而移　丁云鄉當為鄉隆案鄉與嚮同鄭君俱暨
隨心嚮往民力不得獨用也

承弊而民勸之　丁云承當為拯言拯救其弊隆案集韻拼
或作㧦舊說無切語音蒸之上聲說文上舉也引易拼馬
壯吉或作承案上舉謂之拼有振救之義周禮掌幣注振
猶拼也說文振舉救也義竝同然則承弊猶振弊矣◉〇宋
本民作名

民憂而不能憂是棁之傳革有革而不能革不可服　案說文革
獸皮治去其毛革更之象亦兼兩義言之尹注以桂釋棁蓋
由不知棁字之誤棁是梁上楹矣以傳革為餘詳丁說

民信死　案當作死信二字誤倒也尹注云人無信不立故死在信也注不誤下文諸侯死化劉據別本注德化可以服人則必死於化矣較朱本為善

諸[請]閱諸侯之化弊弊也者家也　案弊乃死字誤說文弊古文作斃管子本作死一譌為斃再譌弊耳化死當依上文作死化死也者家也謂田宅為人所重故其人死於化也者因人之所重而行之也義見下文

用功力之君上金玉幣好戰之君上甲兵　戴云朱本無力字 案用字衍

丁云幣字衍上金玉與上甲兵對文滌案用字衍功力之君對好戰之君上猶加也功力之君猶取虎豹皮加於金玉以為幣好戰之君加於甲兵堅固不毁言各適於用也

十　學禮齋藁本

而雕卯然後濬之雕橑然後爨之　洪云藝文類聚八十引作夫雕橑然後炊之雕卯然後濬之與此不同隆案藝文類聚十一八十並引管子曰周容子夏以侈靡見桓公桓公曰侈靡可以為天下乎子夏曰可夫雕橑然後炊之雕卯然後濬之所發積藏散萬物也御覽羽部族九百二十八引管子曰子夏云雕卯然後濬之所謂發積藏散萬物業所引當是管子古本或在逸篇中

富者靡之貧者為之此百姓怠生百振而食非獨自為也為之畜化　丁云百當為不此涉上文百姓而誤振與賑同給也隆案此節疑有譌生字衍而猶若也指天子言謂百姓相率習於侈靡則不能專事耕種以給天子之食也上文云耕以自養以其

餘應食天子故平

堅強以乘六　案六疑之字誤

上信而賤文　梅亭讀信爲申大謬信者誠也實也文文飾也尚文飾者必多僞莊子繕性文滅質博溺心注文博者心質之飾也

好緣而好駔　丁云緣順也駔猶麤也下好當爲棄尹所見本不誤注文可證陸案尹注云怯惡者必亂怯惡疑亦當作壯健又云緣即捐也夏文燾改作絹亦非廣雅緣循也下文緣地之利注緣順也緣有循順之義馬之性行調順謂之馴正與駔字義反爾雅釋言郭注駔猶麤也攷工記先鄭注駔疾讀南史論注駔驕恒皆與此駔字義同循順者好之麤疾者

棄之指人之性行言

故信其[illegible]精者傷其神　尹注精盛則神滅也信讀申情讀

精

承從天之指　戴云從字衍淫案承字衍從順也與彖同義下文

同

開國閉辱　案當作開其國門合脫其字門又譌閉辱字涉上

辱舉而[illegible]衍下文五節皆復舉上文申言之○下文棄其舉辱

亦復舉上文則此辱上當有脫文

所以參天地之吉綱也　案也字衍綱與下文明行為韻然辱舉

不入韻其三部五部之合與

動[illegible]必明辱舉其上以者與其失人同公事則道必行　案辱字當下

讀儒行其飲食不溽溽亦訓厚上文已言厚舉其外此家上
而解其義失疑外字謂外人外民也疑諱改人外民即外者耳外者
已見本篇公與功同成也言重舉外民與同成事則道必行也皆
指好一邊說○與其失人同公事則道必行十一字一句讀與者舉
與之也此家上文厚舉其外言之
開其國門者玩之以善言柔其學厚　案學字疑即閑字
涉下文以執其學而誤此承上文閑國閑厚而解其義不
與下連讀又案柔為禁之譌寫者脫去一木耳禁者令也
見呂覽注謂玩之以善言令其閑厚也
知神次者　案此句與上文四者字一例疑上文知其緣地之利者
句當神次二字在知其下別為句況緣地之利者家上言之

不必加知其二字與下文句例參差〇當作無知其神次者與閉其閫門者句法一例上文出知其二字蓋脫神次二字此又複舉上文而申言之亦當有其字

員其中辰其外　陳云員與辰對文辰有廉隅之義說文脣口耑也毛詩傳漘水隒也並與此辰字義近作辰者假借字耳尹注失之陵案爾雅釋丘夷上洒下不漘正義引李巡曰夷上平上洒下陗下故名漘平上陗下口耑之脣亦似之上平處陗下陗處斂

因責其能以隨之　案隨與隳通廢也見淮南說林注修務注

深黨之毋涸　丁云黨疑黨之譌澤案深黨重黨也猶重巇之為深巇矣見秦策

好而不已是以為國紀　案宋本無國字注有　吳云國字衍
末勝其本亡流而下　丁云末當為末亡當為上末勝其本　與上流
而下對文成義　隆案丁說是蓋勝其本上必是末字流而下上
必是上字雖無取證固自灼然而無疑者
略遠近臣合於其近遠者立　劉云當以立功作事立而壞劉蓋探下
文句例言之然其閒必有脫爛不可妄補案略遠近不可言立功
下文亡國之起之亡當屬上讀謂略遠而合近者立亡也國之起
三字涉下國之族而衍尹注無之別本注宗族國之屏藩若毀之
則國弱兵寇遠而不畏也語尤明晰
國小而脩大仁而不利　案當讀脩字句脩遠也大仁五字連讀戒
篇曰大仁也哉其朋乎霸言篇曰先王取天下也術術乎大德哉物

利之謂也大德即大仁

百姓自聚供而後利之　案據尹注聚字句

賤寡而好大　案當作賤實而好文實與寡文與大形近易譌本篇云上信而賤文信亦實也

巨瘞堷　丁云堷疑埋字誤　潼案堷爲隌字誤爾雅隌闇也釋文隌字林或作晻同烏感反晻以掩藏爲義說文闇閉也門掩闇與瘞義合說文湆幽溼也唐韻集韻揞藏也又集韻揞掩也皆與隌義近尹注云瘞堷謂壙中埋藏處深暗也疑尹據本是隌字以暗釋隌正本爾雅暗與闇同玉篇云

故有次浮也　丁云次浮當作沈浮下文云沈浮示輕財也是其

證隆案丁說是朱本次從水旁郎沈字之誤厚葬所以示後靡取所寶物上下壙中故言輕財沈浮猶言上下耳後世金玉鳧雁皆是爾雅祭川曰浮沈郭注云投祭中水或浮或沈與此沈浮義相近古者祭川沈以牲周官小子凡沈辜侯禳飾其牲是也覲禮亦云祭川沈爾雅兼言浮者統詞耳

鄉丘老不通覩　案丘疑三字誤三老見度地篇

乘馬甸之眾制之　丁云謂乘馬爲一甸之眾制之也甸田古字通尹注正如此讀今本誤以制之二字屬下陵谿爲句隆案甸出一乘一乘四馬故曰乘馬乘馬出於甸故曰甸之眾制之制言作也作兼興作造作二義

祭之時上賢者也一節　案此知上賢無益句與上文意不背

能摩故道新道　戴云宋本朱本摩作靡古字通隆案左傳靡笄本或作摩笄即其證靡與下文化義相應七法篇曰靡化也

疑有脫誤上賢即易之尚賢

吾聞之先人　案趙本先人屬下讀非此四句皆中寢諸子言

布織　戴云宋本織作職古字通隆案左文十八年傳閻職說苑作閻織

國貧而鄙富苴美於朝市國之富而鄙貧莫盡如市　案苴當爲且且薦也薦美於朝以拯國貧也莫盡如市者恐商賈操奇贏重權還鄙之民也如之言之也　餘詳丁說

勸者所以起本善而末事起不侈本事不得立　案善疑事字誤事與善形不相近或然字之誤連下而字讀音近而譌耳不侈上衍起字尹注亦無謂末事不侈則本事不得立以是侈靡之可貴耳

使其小可以爲道　案使其小當
作使其外承上無使其外言猶
上文使其大承上無使其大言

得鈞則戰守則攻　案得即德字全書多通用下則乃取字
誤又誤乙取攻二字當讀德鈞則戰守攻取
有一事之時也　戴云宋本朱本有下無一字隆案玩尹注有字
上屬一事之時作一時之事
吾君故取夷吾爲替　案上下文疑有脱爛替或智字誤
必有萬世之實　戴云實當從朱本作寶説見七法篇隆案
王説同下文棄其國寶是其證寶與道韻下文聖稱其寶
亦與道爲韻
衆能伯　案伯即霸也輕重乙篇霸宋本作伯
以輕則可使重不可起輕輕重有發　戴云宋本起下無輕
字此涉下文輕重而衍隆案朱本不誤宋本作重不可起輕

十五　學禮齋叢本

句重有齋句亦衹一輕字但誤屬上讀耳詳文義重不可起對上輕則可使言輕重有齋句又承上文輕重二字言之

今必敬以哀　案哀（丁云哀當是憂字之誤[illegible]）與憂通依文義當爲憂作哀者通借字耳鄭注樂記憂或爲哀呂覽報更篇人主胡可以不務哀士高誘注哀愛也是哀愛通用之證

賢不可威　案尹注云威賢則邦國殄瘁據此則威乃烕字誤烕古滅字

天地不可留故動化故從新　案當讀動字句天地不可留故動易所謂變動不居也化故從新是動字之義尹注云故動化其故以就其新化故對從新極是但故動二字誤屬下讀耳本篇云能摩故道新道定國家然後化時乎亦以新故對

文

故至貞生至信至言往至絞生至自有道　案至信至當作至信生與上下句一例玩尹注至信生而應是所據本作生字至自有道亦當作生自有道承上文三生字言之

句身行　尹注亦句訓均古句均通用

人死則易云　案云與運同

市塵之所在　案塵乃廛字誤

閭曰多言可云　豈云哉　則士云矣　則云矣　案四云字並同運

曲靜之言　尹注靜謀也隆案靜即靖字爾雅靖謀也書靜言庸違漢書王尊傳作靖

出幾置可靖也　案請疑謀字誤

夫運謀者　案謀字疑衍虛滿合離是天地之運此因上文運可謀
句而申言運字亦涉運可謀句而衍謀字
然後應諸侯取文　案元本尹注無應字疑衍
智運謀而雜橐刃　案智運謀疑當作運智謀與雜橐刃
對文
已殺生其合而未散　尹注其時方寒合而未有時　隆案有疑
散字誤
且夫天地精氣有五　戴云朱本精氣作之氣尹注同　隆案上文
云地之變氣天之變氣故此總言天地之氣若精氣與變氣
不類
餘氣之潛然而動愛氣之潛然而衰　案據下文言哀樂之氣

則餘當讀悆廣韻悆喜也集韻同爾雅豫樂也余予古今字豫悆餘亦同矣憂讀爲哀禮記樂記鄭注憂讀爲哀呂覽報更篇高注哀憂也皆憂哀通用之證○潛當爲潛

古之祭有時而星　案星如日星之星爾雅祭星是

十七

學禮齋稾本

掃、

管子校釋卷五

吳縣原籍秀水王大隆學

心術上第三十六

九竅之有職　案御覽人事三百七十六引無九字脫

登降揖讓貴賤有等親疏之體　案有疑列字誤列等猶等列也左傳貽文章明貴賤辨等列順少長習威儀也賈誼陳政事疏古者聖王制爲等列內有公卿大夫士外有公侯伯子男

不義不顧　案下文不義作不宜禮記義者宜也古誼義字作誼宜又誼之省

其可不利以其好利也　案不字衍可利與可殺對文

不怵乎好　尹注云下解中作怵隆案當作怵訓狃怵言慣習也詳讀書雜志

無形則無所位趍　案位即倍字之壞倍與背同說文北菲也从二人相背背即北之借趍當作迕一切經音義七引聲類云迕逆不遇也說文作㑿云逆也今本作位趍不可通矣

其謂所得以然也　案以與已同（丁說同刪）

萬物皆以得　案以與已通下篇云萬物畢得

莫人言至也　案眞（從王改）人言句即上文云眞人之言也至讀聖人人倫之至之至至下無脫誤○又案當作眞人言至人也至下脫一人字以至人解釋眞人謂所謂眞人者猶言至人耳

全書中多釋詁釋訓體管子可以扶翼爾雅莊子天下篇

不褋於眞謂之至人列禦寇篇彼至人者歸精神乎無始而甘瞑乎無何有之鄉是眞人即至人之確證八十餘篇未必皆管子所作莊子之言非出於此而誰出耶六國時有黄老之學當時必有其書老子之學貽於心術等篇然則心術等篇必是黄帝之緒論其以眞人爲至人疑皆誦習者推演其説嘗試合之周易不無與周公孔子之言相發明者要是仁者見仁知者見知其始同出一途後乃各自爲途愈出愈岐而亦愈遠耳是故管子存古書功最大

非吾所願故無爲也　案上願字當作爲尹注云非吾所爲故無願是其證

闚其門　孫云闚當依上文作闢隆案闚疑闢字误

此言不得過實 案當作此言名不得過實與實不得過名

對文今本言下脫名字

實不得延名 案延乃過字誤實不得過名與名不得過實

對文

姑形以形以形務名 案姑形二字疑始物之譌姑與始形與

物字形皆相近始物以形猶言物以形始也形指物言上文曰物

固有形是也固亦當作始字解說詳霸形篇以形務名即下

文所謂以其形因為之名也

因者因其能者言所用也 吳云當作因者因其能因其能者言

所用也

心術下第三十七

中不精者心不治　案内業篇精作静說文竫亭安也静即竫之同聲假借字說文又云靖立竫也靖與竫音義並同凡管子訓静之精疑皆作靖白心篇云以靖為宗尹注靖作静以今字通古字本文作靖不作精可證也靖精形近易亂靖惟白心一見

正形飾德萬物畢得翼然自來神莫知其極　案内業篇云正形攝德天仁地義則淫然而自至神明之極飾作攝翼作淫

聖人因而財之　劉云財同裁字訓隆案下文云聖人裁物不為物使

能專乎能一乎能毋卜筮而知吉凶乎能止乎能已乎能毋問於人而自得於己乎　案内業篇作能摶乎摶專同作能

勿求諸人而得之已乎莊子云能抱一乎能勿失乎能無卜筮
而知吉凶當作凶吉乎能止乎能已乎能舍諸人而求諸已乎
故曰思之思之不得鬼神教之非鬼神之力也其精氣之極也　業呂
覽博志篇蓋聞孔子墨翟晝日諷誦習業夜親見文王周公旦
而問焉用志如此其精也何事而不達何為而不成故曰精而熟
之鬼將告之非鬼告之也精而熟之也注吏曰日精所學致無鬼神故曰有鬼告之也
語本管子
慕選者所以等事也　劉云慕一作暮、達緩也隆案暮訓達
緩恐非
能戴大圓者體乎大方鏡大清者視乎大明　劉云內業體作
履隆案淮南俶眞訓是故能戴大員者履大方鏡大清者視大

明立大平者處大堂能游冥冥者與日月同光語本管子又本經訓戴圓履方注圓天也方地也○體履通詩屍體無咎言釋文引韓詩作履坊記亦作履

金心在中不可匿　劉云內業作全心在中不可蔽匿金乃全字誤又缺一蔽字陵案內業篇云心全於中形全於外又云定心在中又云正心在中

白心第三十八

以靖為宗　尹注靖作靜陵案靜與靖通如書堯典靜言庸違漢書王尊傳論衡恢國作靖是其例漢書敘傳上集注請古靜字說文靖竫音義同靜即竫之通假詳心術下篇

巨之徒滅　丁云巨當為成承上有成無成言之陵案成之

徒滅與極ミ徒反滿云徒虧同意極ミ滿之承上日極月滿

二句言句法一例

能守貞乎　案貞與正通易貞孔子作傳並作正解

口無虛習也手無虛指也　劉補注作口言手指凡三見豈劉見

本習字作言與

王云

事有適而無適若有適觴解不可解而后解　丁云當作

觴可解不解而后觴解此句原本尚不誤惟可字移在不

字下耳說苑雜言篇百人操觴不可為固結蓋觴可結故可

解若云觴有解則不詞矣淮案不解即不可解多一可字嫌與

上文句例參差況原本可字本在觴字下非衍文也

卧名利者寫生危　馬瑞辰云寫當訓憂淮案爾雅寫

憂也言安於名利則憂生危也

無遷無衍　丁云曰衍與延同文選西京賦遷延邪睨薛綜注遷延退旋也隆案周禮大祝注衍字當爲延男巫注衍讀爲延聲之誤也

水地第三十九

水者地之血氣如筋脈之通流者也　戴云御覽地部二十三引作地之血氣筋脈之流者無如字隆案水經卷一河水注引亦無如字如字衍無疑血氣筋脈四字竝列尹注若氣血以兮謂若筋若脈云云亦不誤論衡祀義篇水猶人之有血脈也血脈連言則血氣筋脈亦當連言矣

故曰水具材也　案御覽引作水之材

夫水淖弱以清而好灑人之惡 戴云文選運命論注引弱作溺御覽地部同宋本灑作洒隆案下文云楚之水淖弱而清淖弱水柔貌地員篇淖而不肕淖對強言淮南原道訓甚淖以濟春秋訓水之性淖以清家語釋水云淖約微達此似察莊子逍遥篇游淖約如處子釋文引李注淖約柔弱皃在宥篇淖約柔乎剛強荀子宥坐篇淖約微達以察注淖讀為綽綽約柔弱也案綽約即淖弱莊子大宗師綽乎其殺也釋文綽崔本作淖亦作淖溺綽與淖通溺與弱通易大過注極弱與衰釋文弱本作溺書禹貢導弱水釋文弱本作溺漢書古今人表陳哀公弱春秋昭公八年作溺淮南原道訓淖溺流遁又云水淖溺潤滑漢書郊祀志下堅冰淖溺然則文選注御覽引作淖溺當是古本○說文洒滌也从水西聲古文以為灑

埽字

違非得失之質也　丁云違當為韙釋文　陸案左隱十一年傳犯引 五不韙釋文引
倉頡篇曰韙是也陸案尹注不釋違非二字豈所見本異史
記宋世家五是來備後漢荀爽傳作五韙說文韙籀文作
愇廣雅韙是也
叩之其音清搏徹遠純而不殺辭也　案遠字疑衍搏徹
二字疑倒當讀其音清徹句搏純而不殺唐風白石粼粼毛
傳粼粼清澈也徹與澈通搏純二字亦同義謂專一純固
也詳幼官篇
男女精氣合而水流形　案御覽引無氣字
脾生隔肺生骨腎生腦肝生革心生肉　戴云御覽人事

六　學禮齋藁本

部引作脾生髓肝生骨腎生筋肺生革心生肉與今本管子異隆案釋名脾裨也在胃下裨助胃氣主化穀也膈塞也隔塞上下使氣與穀不相亂也則今本作脾生隔是又云肝幹也於五行屬木故其體狀有枝幹也凡物以木為幹也案物以木為幹人以骨為幹醫家酸治骨肝主酸則御覽作肝生骨是又云腎引也腎屬水主引水氣灌注諸脈也筋靳也肉中之力氣之元也靳固於身形也案筋以固氣與醫家腎固精之說合腎主水水亦斂藏於冬令則御覽作腎生筋是又云肺勃也言其氣勃鬱也皮被也被覆體也案肺主氣〻主變化說文革革更之象其說亦合皮與革大同而小異醫家亦言肺主皮毛革周於身氣之充也則御覽作

肺生革是又云心纖也所識識微無物不貫也肉柔也案心在內以達外肉在內外以包外內功用亦同故果心曰人亦曰仁仁之施為溫柔與肉柔義亦合并論及之

蠶蠋　案蠋當為蜀說文蜀桑中蟲也引詩蜎蜎者蜀今作蠋非古蠶蠋二物韓子內儲說云蠶似蠋淮南說林篇云蠶之與蠋狀相類而愛憎異

此涸川水之精也　案水字衍上文言涸川之精無水字上文云涸澤數百歲又云此涸澤之精亦皆無水字

具者水是也　案五字疑衍

故曰水者何也萬物之本原也諸生之宗室也　案何也二字疑涉上文而衍上文曰地者萬物之本原諸生之根菀也句法一

例

楚之水淖弱而清　案意林引作楚水溺而清上文夫水淖弱而以清御覽引亦作溺是古本弱皆作溺詳前校

故其民輕果而賊　丁云果訓果毅與淖弱義相反果疑票之誤說文㶾火飛也僄輕也輕僄本楚人語方言曰僄輕也楚凡相輕薄謂之相佻或謂之僄淫案據丁說則輕僄本楚人語故管子言楚水以楚語通之矣尹注云清則明察故人票賊者今亦謂果蓋火之飛必輕而疾又極其明故从票之字義得相通說文嘌疾也廣雅標書也一切經音義十八引埤倉云瞟明察也票與賊義亦相近凡輕薄者必剽劫說文剽劫也史記貨殖傳言楚俗剽輕又一證

越之水濁重而洎　案意林引上文躁而復溺而清下文泔而滯

濼而褋勁而清此作濁而重皆節去上一字疑所見本此作洎濁
而重肉汁謂洎見左傳不審此何解
泔最而稽 戴云意林引泔作泪隆案宋本泔作甘注作泔劉
趙本作泔注作甘疑不能明據意林作泪泪卽泔之誤然則
古本作泔矣說文𠙵謂瀋曰泔 瀋下云淅米汁也 瀋是淅米汁是泔有
濁義釋名濁瀆也汁滓演瀆也段云注是甘字蓋據劉趙
本 段云者本段校 段意甘字為是泔从甘聲兼會意作甘亦通釋名
甘含也人所含也淮南高注甘緩也濁流必含蓄而緩意亦
近是說文甘味美也味之美者人必貪之故下文言民貪
故其民貪戾罔而好事 案意林作其民貪戾依上下文句例
罔字衍然晉水燕水下皆兩句水而句民恐戾下罔上有脫

⿰土於墆而褋　意林引墆作滯案上
文云淤滯而褋　困學紀聞秦晉
燕徥作滯，
○古微書引褋作褻

文
故其民諂訑蓧詐　戴云朱本訑下有而字此本脫隆案有而字
合下句例是也困學紀聞引亦有
故其民沈滯而褋　案沈與淫通
四時第四十
國家乃露路　王云路與露同露路敗也尹注云路謂失其常居失
之
使不能為惛惛而忘也者皆受天禍　丁云惛而忘也者上有闕
文以意補之當云聽不信為忘元本惛而上有為忘二字隆
案元本是也聽不信為忘與使不能為惛對文承上使能聽
信言之下文惛而忘也者句又承此文為惛為忘言之惟聽不

信爲忘下亦當有尹注既聽不信所以爲忘八字而今本亦脫去若依宋本爲忘二字在尹注上所脫注文八字當補今所存尹注下當一并補入而忘字疑皆忞字之誤廣雅惛惛忞忞亂也法言問神篇著古昔之㗃㗃傳千里之忞忞者莫如書李軌注云㗃㗃目所不見忞忞心所不了詩抑正義引孫炎曰夢夢昏昏之亂也史記屈原列傳受物之汶汶索隱云汶汶猶昏暗不明也昏昏汶汶皆即惛惛忞忞之借說文惛不憭也與怋同云怓也上文云五漫漫六惛惛惛惛與㗃㗃同忞忞與漫漫聲亦相近尹注忘字亦當改爲忞

則民事接勞而不謀與 丁云爾雅曰接捷也詩烝民傳曰捷捷言樂事也隆案接讀爲捷古通用荀子先事慮事謂之捷揚注接讀爲捷捷速也

而發出節　案朱本節下有時字尹注云為發生之時　趙本無時字
節下文其事上朱本仍衍時字
正千伯　尹注云千伯即阡陌也瀋案古者阡陌從遂人千夫百
夫起義說見程瑤田阡陌攷漢書食貨志地理志兹作仟佰
無殺麑夭　案夭與麇同御覽兩十引作卵類聚引作麇淮南
本經刳胎殺夭主術不取麛夭呂覽孟春無殺孩蟲胎夭
又淮南時則毋覆巢殺胎夭注皆訓為麋子五行篇不夭麑
麇
九暑乃至　王云九當為大隆案九大形近易譌周官大司樂鄭
注九磬讀當為大韶字之誤也
此謂日德以下一節　案日德下當接日掌賞賞為暑云云其

中央曰土至此謂歲德歲掌和和爲雨云云當在夏之後秋之前與月令同

土德實輔四時入出以風雨節土益力　丁云以字衍隆案當讀土德實輔四時句入出二字及下句以字疑有脫誤（下文實輔四時亦時字句）下文實輔以下十六字恐是衍文或即上文注語混入蓋已見上文不應覆舉觀上文東方曰星下即接其時曰春云云則土德實輔四時句宜列中央曰土下乃爲得當

其德和平用均　案用猶以也

除急漏田廬　案周禮典祀注除治也（上文修除神位除亦訓治）急漏疑當作屋漏

求有德賜布施於民者而賞之　丁云德賜猶德惠也隆案

德古皆作悳形近惪字此德當爲惪

靜正嚴順　案爾雅儼敬也儼嚴同順與慎通

禁博塞　御覽二十四引塞作賽淦案說文無賽字凡賽禱字假作塞則博塞不當作賽

捕姦遁　戴云宋本作攝姦遁淦案姦遁即姦盜說文遁逃也遯逃也遯與遁同詩巧言毛傳盜逃也盜逃同聲遁與盜聲之轉遁之爲盜猶遁之爲逃盜之假爲逃猶遁之假爲盜矣

五行第四十一

六多所以衡天地也　陳云衡字義不可通衡當爲衍惠氏周易述曰衍演也隆案八觀篇曰薦草多衍是衍與多同義廣雅

衍大也尹注衍猶陰陽多也是尹所見正文不作衍矣劉績訓衍為通非是

~~作葉本由此得升東董　案黃當黃謂屬可讀因與韻韻~~

得蚩尤而明於天道　案通鑑外紀黃帝六相蚩尤作風后〇類要引六於字作乎〇地利作地理〇黃帝得六相而天下治神明至一引作黃帝得六相而天下大治乃神明之至也

得奢龍而辯於東方　戴云北堂書鈔帝王部十一御覽皇王部四引奢龍竝作蒼龍奢字誤隆案類要通典注亦作蒼

故使為李　案李與理同古字通假

昔黃帝以其緩急作五聲　案昔下當有者字上文云昔者黃帝得蚩尤是其證類要引正作昔者

三曰黃鐘灑光　戴云宋本朱本灑作洒隆案御覽樂部五百七十五作泣即洒字誤

景鍾昧其明　戴云御覽樂部十三引明作鳴隆案景即顥之借顥白也顥亦同晧一切經音義十八引三蒼云晧古文顥同文選李少卿與蘇武詩云晧首以為期李善注晧與顥古字通說文顥白皃从頁景[illegible]楚辭天白顥顥唐風揚之水白石晧晧毛傳晧晧絜白也

草木區萌贖蟄蟲卵菱　案草木二字疑涉上愛草木而衍禮記樂記區萌達月令句者畢出萌者盡達言區萌即是言草木則草木二字為衍出失贖疑續字誤說文㲉續也爾雅㲉生也是續有生義區萌續三字句蟄蟲始振之時胎卵尚早蟄蟲是潛藏之蟲與月令鱗毛羽介通稱之蟲不同則卵字不當連屬（下文言卵卵是指鳥）疑卵字亦衍

所以貴天地之所閉藏也　案所字衍上文云所以待天地之殺斂也句法一例呂覽仲冬紀此所以助天地之閉藏也即本管子

春辟勿時　案勿乃及字誤尹注云春當耕闢無得不及時也則本文之作及審矣

而衆夫脩其功力極　案極讀爲亟古極亟通用易說卦云爲亟心釋文亟荀本作極莊子盜跖篇亟去走歸釋文亟本或作極荀子賦篇云出入甚極又云反覆甚極楊倞注極讀爲亟亟急也案說文亟敏疾也悈疾也二字義同疑極字古皆作悈

民足財國富　案財字衍

羽卵者不段毛胎者不牘　洪云段讀作㲉陸案段古㲉字太玄難次四卵破石㲉測曰卵破之㲉小人難也其字亦作㲉又禮記樂記羽者嫗伏毛者孕鬻胎生者不殰而卵生者不殈鄭注曰内敗

曰殰殈裂也今齊人語有殈者蓋贖與殰同字毈與殈同

義作段者為古文假借下文云羽卵者段毛胎者贖同

䵴婦不銷棄　案汗簡云古文尚書以䵴為孕

勢第四十五

知靜之修　案修當為循循從也知靜之循與知足之從二句同

義循與利合韻循十三部利十五部

大周之先可以奮信　丁云尹注云奮信振起皃案尹見本疑作

奮訊廣雅奮訊也與迅同　隆案信即迅字同聲假借爾

雅迅疾也訊振訊也郭注振者奮迅奮信即奮迅亦通作奮

訊詩雄雉箋奮訊其形貌是也爾雅釋文迅信峻二音

大文三曾而貴義與德　戴云朱本貴作責　隆案尹注云能

成其德義　劉云成反乎德義之質斷不是責字

正第四十三

出令時當曰政　尹注云令當於時之謂也正時二字倒轉朱本

不誤正作政

九變第四十四

慈愛之於民也厚無所往而得之　戴云御覽陸案兵二百七十引此文也

字在得之下　陸案御覽引民下亦有也字

任法第四十五

不動力　戴云動疑勤字誤　陸案小問篇力地而勤於時今本

勤亦作動　王氏改之

故黃帝之治也三句　案類要引作皇帝之治天下置法不變使民

安泰

故曰法者不可恒也　尹注云法敝則當變故不可（可字據元本）恒隆案不可恒當作不可不恒尹注失之下文云法古之法也尹注云立法者必師古是也下文又云故明王之所恒者二一曰明法而固守之二曰禁民私而收使之此二者主之所恒也兩恒字皆承此文不可不恒言之

然故諶杵習士聞識博學之人不可亂也　案然故當作然後下文然故當為是故此涉下文是故而譌諶杵疑當為謀詐習士謂習於辯說之士上文云無聞識博學辯說之士然則謀詐者猶云知巧耳

故曰有生法　夫生法者君也　案兩生字皆當為立上文云國

變法立以典民則不祥補不字是其證

損其正心　宋本損作捐王從之○尹注云謂捐政教之正所據本作政正不作正心無疑丁云心乃草書正字之誤漥案管子當作正政正政猶公法也下文云上以公正論即此所云公法正政也又云是以私説日益而公法日損文義正同王氏從宋本改損為捐無證以下文之損字即可破其説矣

如列星之固　案固乃周字誤

主離法而聽之　案朱本主下有因字下三句並有因字朱本是也

皆虛其匈以聽於上　尹注云匈恐懼皃劉趙用賢云匈胸臆也注非　漥案説文匈膺也从勹凶聲或作肖

十四　學禮齋藁本

然故下之事上也　案然故當爲是故

故上令而下應　案故字衍

羣臣百姓人慮利害　案羣臣百姓下疑脱安舉兩字羣臣百姓安舉承上教安舉也句人慮利害承上使民慮利害而離法也句令本人慮上重出羣臣百姓四字便不可通

明法第四十六

令求不出謂之滅　王云求當爲本見後解丁云後解本字朱本無趙本有本字疑即令字之誤而衍者此文求字又本字之譌後解云令不得出羣臣弗爲用百姓弗爲使竟内之衆不制則國非其國而民非其民亦無本字謹案據後解則此文

令下不當出求字謂卽本之謁矣法〻篇云請入而不出謂之滅又云令入而不出謂之蔽疑此文求與趙本後解本皆入字之謁

故夫滅侵塞擁之所生　案法〻篇擁作壅與明法解同說文但有擁字

故交衆者譽多　案後解無者字

是故官之失其治也　案後解無是故二字

比周以相爲匿是忘主死交以進其譽　案朱本主作生誤死交元本作私佼劉亦以死爲私之誤與元本合■王氏據韓子作外交詳讀書雜志〻案元本既作私佼卽可據元本不必從王氏改矣後解云羣臣皆忘主而趨私佼矣卽此可爲私佼之證○

又案宋本無是字後解作是故案下文故交衆者譽多句本作交衆譽多合下三句讀觀解自明蓋脱置故字在下又衍一者字耳

故交衆者譽多　案後解無者字

家與家務於相益　元本無於字後解亦無案無相益與下句務相貴對文

大臣務相貴而不任國　戴云後解國下有也字隆案上文云家與家務於相益不務尊君也兩句對文不當無也字

故官失其能　戴云後解能作職隆案後解作官失職然解語中仍是官失其能僅改

正世第四十七

國治第四十八

民貧富則安鄉重家至陵上犯禁則難治也　戴云藝文類聚五十二引作民富則安鄉安鄉則重家重家則敬上畏罪民貧則危鄉危鄉則輕家輕家則陵上犯禁　隆案御覽引同

則敢陵上犯禁　案御覽引無敢字是也

是以善為國者必先富民然後治之　案然後上脫民富二字上文云凡治國之[道]必先富民民富則易法[治]也句法正同

國富者兵彊兵彊者戰勝　案御覽引兩者字作則

凡農者　案御覽引凡作故

耕耨者有時而澤不必足　案當讀耕耨者句趙讀時字句誤

十六　學禮齋藁本

夫以一民養四主故逃徙者刑　案朱本刑上有有字尹注云謂有刑罰依文義則刑字當作衆此甚言民力之困所以逃徙之多皆緣在上者不能務本斥末所以民不能安鄉重家也觀下文上不能止句即指逃徙之人言之若是刑罰奚不可止然民已逃徙刑罰亦何從而施此可以理折者不能曲從尹注及今本也總之此二句只就民一邊説申明所以不能安鄉重家之故詳玩文義自得之

姦巧不生　案當作得均則姦巧不生得均者利均也

至於殺之而民不惡也　案治要引作至於殺之而不怨也案怨字是吴云不字衍

姓申本秋衆少粟主宰姓　案

則戰不必勝守不必固矣　案依文義亦當有能字在不字之下乃合上文句例　丁說同刪

此由不利農少粟之害也　案少粟當作務粟上文云此務粟之功也此句用不字反言之謂不利農不務粟之害利農務粟四字連讀不字貫下四字今本作少係務字之壞

粟者王之本事也　吴云王下脱者字隆案也字衍對人主之大務言之　朱本作生　戴說同刪

有人之塗治國之道也　案有乃富字誤人本作民避諱改者甚多富民治國結束上文治國之道必先富民兩語首尾呼應　丁說同刪

十七　學禮齋藁本

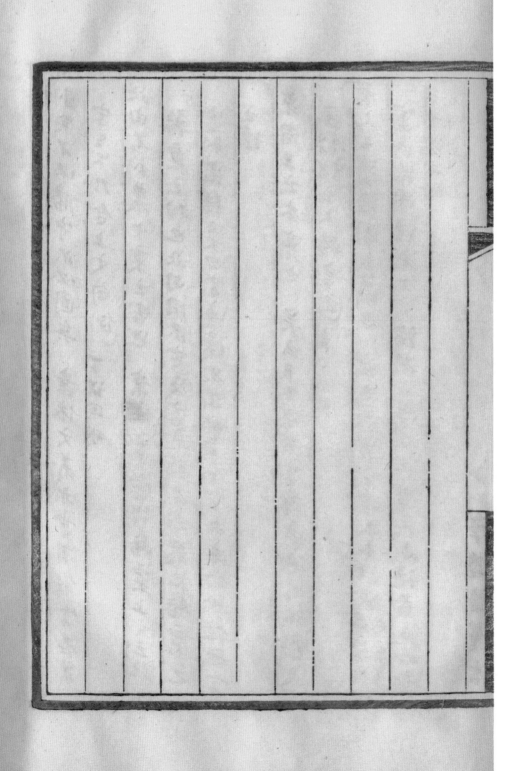

管子校釋卷六

吴縣原籍秀水王大隆學

内業第四十九

淖乎如在於海　尹注云淖汋潤也丁云淖讀爲綽莊子大宗師綽乎其殺也釋文綽崔本作淖荀子宥坐篇淖約微達似察楊注淖讀爲綽綽寬也隆案尹注當作淖潤也管子但言淖乎與杲乎杳乎卒乎一例或重言之如折折乎亦其例尹訓爲潤則是淖字說文淖从朝省淖古潮字然而管子明〻是淖字尹或誤仞之也

折折乎如在於側　丁云折折卽晢晢之借說文昭晢明也毛詩傳晢晢猶煌煌也隆案尹注云折折明貌折卽晢之

省丁說是也書洪範明作哲詩小雅庭燎晣晣毛傳晣晣明也晣哲一字禮記祭法瘞埋於泰折鄭注折昭晢也假折為晢與管子同

謀乎莫聞其音　王云謀當為誄說文宗（今作寂）無人聲也或作誄故曰誄乎莫聞其音俗書謀字作諆與誄相似後人多見謀少見誄故誄誤為謀矣陳云謀當為謨〻與漠通漢書賈誼傳注漠靜也隆案謀與莫聲轉最近古從莫之字皆讀為謀亦通用（毛傳莫謀也謨謀也爾雅漠謨也書謨明弼諸史記作謀字）此謀字亦讀為嗼說文嗼啾嗼也玉篇嗼靜也廣雅蓦靜也文選西征賦注引薛君韓詩章句云嗼靜也荀子非十二子篇莫〻然注莫讀為貊〻靜也（詩貊其德音左傳作莫二字亦同）又解蔽篇聽漠〻而以為哅

吻注漢無聲也漢書馮奉世傳元、成等漢然注亦謂漢為無聲此言謀乎亦即漢然也嗼蓦寞漠義竝同陳說是

王氏究嫌改字

凡道無所善心安愛　王云愛當為處安猶是也處尻也言道無常所唯善心是處也下文曰心靜氣理道乃可止是其明證二句所處韻下文理止韻遠虛韻離知韻尹讀凡道無所善句心安愛句非陳案下文云眇眇乎其如窮無所又云普在民所皆所字句尤其明證

彼道之情　案此情字與精同道之精即篇首云物之精也

正形攝德　案心術篇攝作飾

則淫然而自至　尹注云淫進皃也陳案上文云淫淫乎與我俱

生尹注淫淫增進貌漢司馬相如傳集注引郭璞淫淫羣行皃文選羽獵賦注淫淫與與皆行皃也心術篇作翼然自來淫翼一聲之轉漢書董賢傳集注翼進也

精想思之寧念治之　案精讀為靜靜與寧同義想念亦同義

上察於天　案察與際同尚書大傳曰察者至也禮記中庸及其至也察乎天地淮南原道高不可際高注際至也古察際同聲故察亦通假為際矣

是謂內德　宋本德作得

和於形容見於膚色　劉云和乃知字誤王云劉說得之心術下篇作可知於顏色是其證知與見亦互文耳今本作知者亦後人不曉知字之義而改之隆案齊策齊王知於顏色今本亦作和誤與此同

此以長壽　案此以當作以此

飢則廣思　尹注云飢而廣思則忘其飢隆案廣古曠字曠

廢也飢則廢思慮傷其生也下文云飢不廣思飽而不廢廣亦讀曠廢當讀發古廢發通用言飢而不廢思則形莠神喪飽乃不能發生也而猶乃也

封禪第五十

兵車之會三而乘車之會六　陳云大匡小匡霸形篇皆作兵車之會六乘車之會三此三六誤倒隆案論語孔子曰糾合諸侯或以此也糾字作九皆於經傳確有可證穀梁傳曰衣裳之會十有一其說不同史記封禪書齊世家皆作兵三乘六即本此文為說似不可據大匡小匡霸形改此文為兵六乘三

小問第五十一

而憂之以德　俞云說文人部曰憂行之和也凡經傳憂字皆惪之

借此則其本字憂之以德謂和之以德也隆案憂古優字說文優饒也憂和之行也引詩布政憂憂今詩作優

夫牧民不知其疾則民疾　案則民疾尹注云疾謂憎嫌之也則疾當為病此涉上文而誤

語曰澤命不渝信也　王云即鄭風之舍命不渝困學紀聞引張嵲讀管子曰澤命不渝澤古釋字而注乃以為恩澤之命陋矣宋云夏小正農及雪澤乘馬篇作農耕雪釋是澤釋可通用此語曰澤命不渝即鄭風之舍命不渝也儀禮大射儀未釋獲又鄉飲酒禮主人釋服注竝云古文釋為舍毛詩亦古文或三家今文作釋故通為澤釋舍古音相近　隆案宋亦何必論及三家義裘次於清人則作在僖文成之間管子見不皆不可知此云語曰者

當是古语不謂本之鄭風也毛傳云渝變也鄭箋云處命不變謂守死善道見危授命之等隆謂言各有宜引用不同毛傳訓渝為變則本管子為說者

忠也者民懷之　宋云說文仁字古文作忎此忠字當是忎字管子多古字寫者不識改為忠論语仲弓問仁子曰己所不欲勿施於人下文非其所欲勿施於人仁也正釋此仁字隆案如宋說則上文質信極忠亦當改為忎字然孔子言仁亦及忠為人謀而不忠乎曾子之恕即是仁而以為忠也左傳曰上思利民忠也此文作忠亦通下文之仁字或因論语改之

發食稟　戴云宋本朱本食作倉食字誤隆案上文云厚收善藏以充倉稟

四當臣叔牙而聞焉

二三子遂徐行而進　案二字涉上下文而衍三子謂管仲鮑叔牙賓胥無也公遵循以下十四字記桓公及三子問對後情事當自外朝而入內朝三子隨從桓公而入也

雖能不久則人持莫之弒也　戴云朱本無人字隆案持字當在久下合五字為句雖不能久持唯不能久持也古雖唯二字通之乃不字誤讀則人莫不弒也句即上文禍亟及於身之義而申言之上文親身為韻此持弒為韻可證朱本無人字脫寫耳

夷吾嘗為圉人矣傳馬棧最難　案意林引作臣嘗作圉人惟傳馬棧最難

令譽社塞禱　丁云塞即賽字古無賽字假塞為之隆案說文

○戴云其孺子也上無何字陳奐朱本同御覽引作似孺子尹注亦作似孺子疑何當爲似下文兩何字同

新附有實字非古急就篇謁禓塞禱鬼神寵顏師古曰塞報福也

三强其外使者　丁云爾雅彊當也相值謂之當陳奐讀彊如彊而後可之彊

眗眗乎其何孺子也　丁云眗〻疑當作恂〻方與尹注柔順皃合元刻注文無胡絹切目搖也六字疑淺人所加陳奐御覽引眗〻下旁注音句二字句即旬字之壞眗本旬聲也然據此尤可證胡絹切之謬矣莊子田子方釋文恂目李本作眗正與此同

桓公北伐孤竹未至卑耳之谿十里　奐御覽谿六十七兵三百二十九休咎八百七十二水經濡水注引伐皆作征休咎八百八十二說苑辨物篇皆作伐州郡一百六十二作北伐山戎至孤竹

五學禮齋藁本

闟然止瞠然視　案水經濡水注闟作闟未聞尹注云闟佇立皃
案史記匈奴傳闟然更始集解引徐廣、云闟安定意也○尹
注云瞠驚視皃案莊子田子方釋文引字林瞠直視皃玉篇引
蒼頡篇瞸直下視皃漢書孝成趙皇后傳集注引服虔憆直
視皃也集韻瞠、或作瞸憆
事其不濟乎寡人大、哉豈有人若此者乎　案御覽引事其不
濟乎寡人大哉作寡人其不濟乎
走馬前疾　戴云御覽引作馬前疾走下文同隆案一引作馬走前
水經注同今本是也惠氏引周禮立當前疾恐失之
長尺　案御覽引作長八尺他引無八字
而登山神見　案御覽休咎引作昇山之神見水經注引作豈山之

神見之字當據補

若右涉其大濟　案水經注引作已涉陸濟注云古本作大〇御覽休咎引有其字

桓公立拜　案立乃再字誤

仲父之聖至若此　戴云宋本無若字〇詮案御覽三引作若此無至字一引作至此無若字水經注引仲父之聖與此管子異本一本作至一本作若今本作至若校注誤入正文耳

此注本宋本作仲父之聖至此

寡人之抵罪也久矣　案水經濡水注引抵作私旁注管子作抵四字

二君之在臺上也口開而不闔　案御覽引臺作堂類要引同今本御覽引闔作合〇莒讀呂聲則口開矣

臣按曰伐莒　案類要卷一百十四引有也字

而手足拇動者　案列女傳曰顯然喜樂容貌淫樂者鍾鼓酒食之色寂然清靜意氣沈抑者喪禍之色忽然充滿手足矜動者攻伐之色呂覽云顯然善樂者鍾鼓之色也湫然清靜者衰絰之色也艴然充盈手足矜者兵革之色也論衡云驩然喜樂者鍾鼓之色慈然清靜者衰絰之色怫然充滿手足者兵革之色案拇是將指手々或可言拇若云足拇動則疏矣拇當爲拇說文摜習也古貫字止作毌毌卽摜之古字音讀如關說文習數飛也數飛是動之疾故云手足拇動也列女傳呂覽竝作矜々有奮動之義亦當讀如關鄭注禮記內則云卵讀爲鯤或作擱鰥卽鰥字古矜鰥字同音通用則矜亦讀如擱々從關聲也古

人口授字不盡同而音義略同故列女傳呂覽作矜而管子作梱

客閒之　案宋本閒作間

七臣七主第五十二

呼嗚美哉成事疾　戴云元本呼嗚作嗚呼丁云成疑當為盛

盛成古通用疾疑矣字誤人主得六過一是有國者之盛事故歎美之曰嗚呼美哉盛事矣隆案經傳無言呼嗚者然同部同聲字未嘗無倒用如咨嗟作嗟咨其一矣不如仍之為治小學者博所取用也尹注成事疾句云疾美也疾無美訓是必字誤且成事疾三字與上不屬丁謂成當為盛是也左宣二年傳盛服將朝釋文盛本作成荀子王霸以觀其盛者也注盛讀為成詩鹿鳴傳以成禮也正義定本成禮作盛禮也皆是成盛字通之證公

羊莊八年傳成者何感也是成亦兼感義丁謂疾疑矣字誤亦是也論道有得以為美事故曰呼鳴美哉成事矣長言之以深歎美且呼鳴美哉下非此三字則語氣不足而成之為感矣之譌疾一得其古讀一出於形近皆可灼然無疑者美成同義注中疾字又即成字之譌然則尹之以美訓成而讀成為感舉可知也今注中疾字又涉正文疾字而誤

事無常而法令申　案爾雅申重也重累之重與輕重之重古讀而通義亦相成此申字當訓輕重之重謂法令繁重也又案申或甲字誤如詩不我能甲甲為狎之借（韓詩作狎書因甲于内亂正義引鄭王皆以甲為狎）爾雅甲狎也廣雅狎輕也論語鄭注狎輕忽事無常與法令輕義亦比附

不許則國失勢　尹注云許古伍字謂偶合也劉云許從午吾聲或作悟同覺悟之悟也下放此孫星衍云許即啎字與寤通用謂不覺寤也下俱同尹注非　淦案許即啎諸體字孫説是説文啎屰也屰與逆同逆兼迎歫二義此文啎當訓迎逆之逆不啎謂不相迎合也説文迎逆也爾雅遻遇也釋文遻字又作迕玉篇云遻遇也同迕荀子富國篇注午讀爲迕遇也午迕皆訓迎與此啎字同劉云或作悟者古同聲通用悟是覺悟而史記漢書注竝云悟逆也亦借悟爲啎矣

耳常五聲　丁云常疑章字誤淦案常乃當字誤當值也應也

上下相干　案干即奸字借左成十六年釋文奸本或作干即其

八　學禮齋藁本

詮

則事多多則昏昏則緩急俱植　案則字涉下兩則字而
衍多字不當疊出又涉下昏〻兩字而衍一多字事多則
昏句昏則緩急俱植句下句昏字蒙上句昏字上句事字
蒙上文盡自治其事之事字皆一氣相承上文事與下句植
為韻尹注以則事多三字屬上讀非是〇洪云植古置字
謂緩急皆置而不行尹注非詮案詩那置我鞉鼓鄭箋
置讀曰植是植置字通之證此篇之植即置也置兼廢
不廢兩義此於廢字義合

故主虞而安　案虞與娛通白虎通云虞者樂也說文娛樂
也尹注非

瑤臺玉餔不足處　隆案餔當作鋪首之鋪

故設用無度國家踣攣事不時必受其菑　王云度路爲韻時菑爲韻今本路作踣後人妄改戴説同隆案下文云夫此國路王改家者夫是承上之詞疑此國家路句當有此字在國之下或路之上合上下文爲句例而今本脱之矣

商宦非虛壞也　張文虎云商宦疑當作宮室隆案商宦疑當作府宦宦即官字此涉下文游商而誤府與官皆羣臣治事處倉庫法令國家三者重大惟府官能對得過言虛壞則必有物實其中周禮所言皆是

歲有敗凶　丁云敗疑賑字誤爾雅曰賑富也下文民有羨不足即蒙此文言之謂富歲故民羨凶歲故民不足也隆案丁説是

爾雅釋言賑富也說文同郭曰謂隱賑富有西京賦鄉邑殷賑
薛綜注殷賑謂富饒也蜀都賦邑居隱賑劉逵注賑富也
歲豐則民富饒故豐歲亦謂之富歲孟子告子趙岐注富
歲豐年也管子言賑凶猶告子以富凶對舉也國蓄篇歲
有凶穰故穀有貴賤令有緩急故物有輕重

無割大淩　案割讀書堯典洪水方割之割割猶害也釋名害
割也如割削物也○又案上文春無殺伐當春字絕句無字貫
下數行此無字衍下文夏秋冬可證也

苴多滕蔂　陳云苴古通菹趙岐孟子注菹澤生草者也今
青州謂澤有草者為菹宋說同隆案穆天子傳郭注令吳
人呼田獵芹草地為菹音罝輕重甲篇請君伐菹薪謂菹澤

斬生之斧也
欣夫案生讀性呂覽本生篇命之曰伐性之斧說苑敬順篇繳聿者伐性之斧也皆本管子

中之薪也尹注草枯曰洎非菹有草故多螣蟇矣〇爾雅螢蟆郭注蛙類此螣蟇連舉螣是食苗葉蟲說文爾雅作蟘則蟆非蛙類之蟆也蟇即詩爾雅之蝥說文作蟊蟲或作蟦古文作蛑蟇蝥一聲之轉勉之謂懋慔強之謂侔莫聲轉最近

上多喜善賞不隨其功　戴云元刻賞下有而字是隆業善疑喜字之譌衍

上亦法臣法斷名決無誹譽　隆業正篇云罪人當名曰刑此言刑名之祖始也以法斷之以名決之刑赦當而民亦無誹譽矣下文云名斷言澤名斷猶名決也言澤謂誹譽者去也釋澤與釋同餘詳丁說

禁藏第五十三

楊序本中立本作冰　趙本程
滎本作水

為其傷於本事而妨於教也
欣夫案御覽引作為傷本也玩尹注
似無本字意林引省

夫冬日之不濫非愛冰也　戴云意林御覽時序部七人事部三十六引
濫作盥冰作水丁云水與火體爲韻當作水陸案意林引連下
之字俱無作盥非禮記内則注紀莒之閒名諸爲濫、宜於夏而
於冬非所宜若盥則冬夏不廢何能言冬日不盥尹注云濫謂泛
冰於水以求寒所謂濫漿又云冬之水夏之火皆於身體不適便
所據本不誤
夫明王不美宮室非喜小也　戴云意林美作治喜作愛陸案不
治與小義尤合遠勝今本
故先慎於己而後彼官亦慎内而後外民亦務本而去末　陳云彼
衍字後與彼形相近而譌併入之耳官亦慎内而後外民亦務本
而去末二句對文言明王先慎於己而後官民胥效也陸案上文云

能以此制彼者唯能以巳知人者也彼對巳言後對先言而後彼與下文而後外而去末句法一例官民對明王言非對巳言信之於其所餘財功之於其所無誅　丁云信讀᠎爲信之信言上不奪取之也旲云功乃非字誤隆案財字誅字皆衍文功讀爲公功公字通用民之所無上能公之也餘羨也對無爲不足者言之仲於下無誅者　案於下二字疑是注語觀文上六句竝列何以單承一項所以上文誅字當刪也

則國必富　案下文則字皆作而

是故君子上觀絶理者以自恐也下觀不及者以自隱也　陳云隱與恐義相近隱當讀爲慇爾雅釋訓曰慇〻憂也陸案爾雅釋作殷〻文作慇〻字又作殷毛詩如有隱憂韓詩作殷憂古隱殷慇三字

皆同尹注訓隱爲度失之　隆案詩北門憂心殷〻正月作憂心慇
慇爾雅釋文引樊光慇於謹反是隱字音
夜以續日　案御覽引作以夜續日意林引作夜以繼日
海深萬仞就彼逆流　戴云意林萬仞作百仞就作衝安井衡云
古本彼作波　隆案御覽資產八百三十三引萬作百彼作波是
也元本朱本作波同
宿夜不出者　案意林引宿作日
乘危百里　吴云危當爲桅
無所不入焉　案意林引無焉字
吏爲網罟　案吏上當有官字
什伍以爲行列　吴云以字衍

萩室　王云輕重乙篇作樵室古字通隆業萩即穫之省爾雅釋木釋文樵字又作穫蘀樵同字也公羊桓七年傳焚之者何樵之也注云以樵燒之故因謂之樵之樵之齊人語

杼井易水　丁云杼當為抒說文抒挹也大雅生民釋文引蒼頡篇云抒取出也一切經音義引通俗文汲出謂之抒廣雅抒渫也輕重乙篇作渫井隆業郭注方言抒音抒渫釋名典藝亦作抒泄皆假杼為抒

所以勸弱民　吳云當補也字

發五正　業正與政同

所以禁淫邪止盜賊　吳云當補也字

不亂而止者　戴云元本朱本無者字隆業昌止為韻者字當刪

夫敘鈞者　吴云疑當作銓鈞　隆案銓鈞與下文權衡義複（別有說）

吴說非當從丁說

戶籍田結者　惠云結疑契字誤吴云結疑約字誤

竽瑟美人　案尹注美人作美女

內勇士　吴云內上當有外字內讀納

離氣不能令　丁云氣字衍令乃合字誤　隆案吕覽誣徒篇離

則不能合合則不能離文義正同

入國第五十四

子有幼弱不勝養為累者　案有與又通

又子之葆　案葆與保通禮記內則保受而食之鄭注云保

保母

握遞　案御覽引無此二字疑脫

不耐自生者　案耐古能字上文作不能自存者

上收而養之疾官而衣食之　案疾字衍養與上文生韻食與下文止韻

凡國都皆有掌媒　案依上下文例當作掌獨掌獨之官重在合鰥寡故言獨也

九守第五十五

勿望而距勿望而許　案說苑作毋迎而距毋望而許說苑本管子此必管子古本作勿迎而距今本涉下勿望而譌迎者逆也相反為逆相對為望文義當如此也

䁝惑　案說文䁝、惑也从目熒省聲玉篇唯并胡亭二切

或作褮通作營

寂乎其無端也　案鬼谷子符言篇乎作于王云于即乎字

桓公問第五十六

舜有告善之旌　案類要引作舜立誹謗之木

而主不蔽也　案御覽類聚引同御覽一引作亦不蔽也

禹立諫鼓於朝而備訊唉　戴云北堂書鈔九引作禹置道敢諫之鼓三國志注引備訊唉作備訴訟於義為長隆案元本諫鼓作建鼓御覽類聚引同類要引作禹置道敢諫之鼓○訊唉御覽引作評謑也類聚引作訊也案也字當據補今本作訊唉是也說文唉譍也又云誒然也方言欸然也唉與誒欸同唉者若書之吁俞故爾雅曰俞然也方言曰吁

然也皆謂譬聲耳

以觀人誹也　案御覽引無以字

而賢者進也　案御覽類聚引無而字

得而勿忘者也　案御覽引忘作亡類聚引作止止即亡字之譌勿亡猶勿失也今本作忘非

有司執事者咸以厥事奉職而不忘為此噴室之事也　陳云厥讀為蹶蹷之蹷劉績改厥為決於義不安隆案爾雅釋詁蹶動也釋訓蹶蹶敏也詩蟋蟀毛傳蹶蹶動而敏於事正與此厥字義同

度地第五十七

州者謂之術　案術遂通

内爲之城城外爲之郭郭外爲之土閬地高則溝之下則隄之　案城外爲之郭郭外爲之土閬此城字衍外爲之郭與内爲之城對文淺人因下文郭外亦加城字爲城外殊不思内城外郭言其大勢郭去城遠非若土閬之附郭可言郭外也御覽居處一百九十三水經卷二河水注引皆無城字可證

○御覽又引郭外之上閒池高則溝之案上閒池三字形近土閬地池屬上讀而此地字屬下讀當是管子異本閬城下坑也說文阬閬也玉篇引字書云阬城隍也爾雅阬阬隍虛也郭注阬阬謂阬壍也隍城池無水者又隍壑也郭注城池空者爲壑說文隍城池也有水曰池無水曰隍閬阬隍聲近義同下深其土則郭高而亦易積水取其空虛故曰閬亦曰閌閬

曰康宦

人乃終身無患害而孝慈焉　吳云害字衍

故高其上領瓴之尺有十分之三　宋云言使下向高而以瓴瓵引水則滿四十九里而水仍走下矣隆案爾雅瓴甋謂之甓即今之甎也此瓴是瓶名宋謂瓴瓵引水大繆

此宰之任則臣之義也　案則即古通用

出地而不流者命曰淵水　案御覽引作水出於地而不流者命之曰淵今本出上脫水字出下脫於字當據補

杜曲則擣毀杜曲激則躍　案史記河渠書於是禹以為河所從來者高水湍悍難以行平地數為敗乃廝二渠以引其河然則地高而擣激為敗而曲可知也

率部校長官佐各財足　惠云財與裁通隆案財與材通下文云

卒給二字當乙財足

使為都匠水工　元本作都水匠工惠云漢有都水使者恐義取

於此隆案下文有都匠卽都水匠工也都匠謂匠工之總領主

治水故曰都水匠工漢十二卿有將作大匠義亦取此

給卒財足　案當作卒給財足卒卽下文甲士下文云以徒隸給卽

卒給也董子云家給人足句法共同

此謂素有備而豫具者也　案有字疑衍素備與豫具對文

山川涸落　吳云落作洛

禖之以柏楊　吳云柏當爲杞

命曰不長不利作土功之事放農焉　案當讀不利作土功之事句

合下文例舊讀非○朱本放作故吳云放同妨俞同隆案放讀

放牛云放古者水工亦農放農無所事於農也

春不收枯骨朽脊　洪云藝文類聚百御覽二十二又三十八引俱作

朽齒隆案御覽休咎八百七十九引亦作齒

夏有大露原煙噎下百草　案當讀夏有大露原煙句噎下百

草句舊讀非釋名原元也元亦大

有下蟲傷禾稼　案有讀又下降也言又降蟲傷禾稼也爾雅

降下也左傳天降之災蟲亦災也

其至不時者　案御覽引無者字

所以教順也　案順與訓通上文行里順之下文常以冬日順竝

同

則君之法犯矣　案犯疑不亾二字之譌并全書如此多○爾雅犯勝也

可治者章而上之都　惠云章古墇字丁云章訓條訓表訓程謂奏上事也隆案蔡邕獨斷凡羣臣上書於天子者有四名一曰章御覽引釋名云下言章上言表

終歲以毋敗爲固　戴云宋本固作故元本作效隆案固故通用論語固天縱之將聖論衡知實篇固作故周語而資於故實史記魯世家故作固皆其證然文義元本效字爲長

管子校釋卷七

吳縣原籍秀水 王大隆學

地員第五十八

夫管仲之匡天下也　案朱本匡作臣非

五種無不宜其立后而手實　陳云立猶樹也后與厚同小雅傳曰手取也言五種之穀其樹厚而取實也尹注失之隆案古后後通用宋本凡後字皆作后證以釋名云青徐人言厚曰後則陳說爲有據困學紀聞曰元稹同州奏均田曰因農務稍暇令百姓自通手實狀熙寧中呂惠卿復建手實皆本管子隆案秦始皇三十一年使黔首自實田手實唐食貨志凡里有手實歲終具民之年與地闊陿爲鄉帳

可證尹說之由來然而管子之手實不謂此也上文言五種則

實當左傳取其實之實

其木宜蚖菕與杜松　劉云蚖恐作杬出豫章煎汁藏果及卵

不壞菕律春切恐作棆杜木名詩有杕之杜隆案爾雅杬

魚毒說文入艸部作芫爾雅棆無疵說文棆毋杶也从侖聲讀

若易卦屯

黃唐無宜也　元本唐作堂御覽百穀八百三十九引作黃墳

宜黍秫隆案御覽節引疑其所見本黃唐作黃墳然禹

貢言下土墳壚與此言唯宜黍秫恐下土之中尚有分別

宜縣澤　案淮南主術注懸遠也此縣亦當訓遠以下文言地潤

潤數毀則澤宜遠

其草宜黍秫與茅　丁云上文云黃唐無宜也唯宜黍秫也黍秫列在五種中非草名此涉上文而誤衍但與茅二字亦有誤吳云與字衍隆案下文其草如茅與走如茅即茹茅茹訓柔見下如與古同聲如古讀如舉則與茅亦即如茅淺人見與字遂加黍秫二字背謬甚矣如謂與為相與之與則下文如字作何解如字既可通則與字亦可通何也取諸同聲也因疑與如二字合茅聲最近

不無有三分而去其乘　案乘有一義見廣雅

赤壤勢山　案當作勢山赤壤上文云付山白壤下文云陞山白壤皆先山後壤可證

徒山　朱本作徒山隆案下文白徒即白壤之譌疑此徒字亦

壞之謡

其下有灰壞　案有字衍

其草如茅與走　俞云如茅疑即爾雅釋草所謂茹藘茅蒐非必二草也丁云走非草名疑莞字誤隆案如茅當為茹茅茹茅柔茅也楚辭攬茹蕙以掩涕兮注茹柔耎也陸機義疏菅似茅而柔據說文菅茅互訓則為一物如茅即是菅以其茅類得統稱茅以其性柔故又別之曰如茅矣丁疑走為莞譌亦見下文小蒲曰莞與如茅亦類莞字與下文亦韻

山之材　陳云當作山之側與下文山之側同此兩言山之側猶上文兩言山之上也隆案尹注云材猶旁也可證材為側譌詩殷其靁在南山之側毛傳云亦在其陰與左右也是山側為山旁矣材

才聲古讀如玆材之爲側如菑側字通之例

其草兢與蓄其木乃格　丁云兢疑雚之誤格木未聞或柘字誤隆案丁說是雚字失去下半後人誤以爲兢字而增成之格疑杞字誤杞與上文蓄同在一部

剛而不觳　尹注觳薄也隆案觳與确同

其地其樊俱宜竹箭藻龜楢檀　案楢讀如爾雅遒木之遒或謂山海經之楢是木一種楢爲剛木猶檀爲彊刃之木亦爲一種也楢檀必兩木矣鼈上一字當爲菜菜字與藻求形近故譌說文菜蔓華也爾雅作釐蘱氏要術引陸機疏曰藜(萊)也莖葉皆似菉王芻今兗州人蒸以爲茹謂之萊蒸然則萊亦可食類於鼈矣詩北山有萊毛傳曰萊草也是

茉爲山草矣一山草一水菜配合亦稱餘詳陳說
蘪蕪椒連　案連當爲蓮下文蓮與蘪蕪竝舉蓮古蘭字
詩溱洧傳蕑蘭也釋文引韓詩云蕑蓮也蘭之通作蓮如
瀾漣一字之例
其人夷垢　案夷垢二義不屬疑夷垢即鮐耇同聲假借言
人之多壽耳爾雅鮐背耇壽也郭云皆壽考之通稱詩黃
耇台背毛傳曰台背大老也鄭箋曰台之言鮐也大老則背有
鮐文釋名云九十曰鮐背背有鮐文也又云或曰黃耇鬢髮
變黃也耇垢也皮色驪頞恒如有垢者也說文云耇老人面凍
黎若垢詩正義引孫炎曰面凍黎色似浮垢也說亦同　據釋名則鮐背黃耇皆爲九
十之稱故管子連舉之鮐背亦單稱鮐方言曰鮐老也如黃

其細者如雚如蒸欲有與各　劉云各一本作名隆案宋本正作名各義不可通名與蒸亦非韻各疑分字之譌謂細麻之中若雚若蒸欲有人與之分別也蒸在六部分在十三部合韻下文云小者則治則亦分治之也治與絲韻了説同此刪此則仍存

髮稍黃齯齒稍齯　詩爾雅釋文註云鮐一音夷蓋古讀鮐如夷故假夷為鮐矣耇之謂垢則聲兼義亦得通用如黃髮稍老壽詩亦單謂之黃也垢四部上文白五部古合韻近

乾而不格　案釋名石格也堅捍格也亦假格為垎之證宙合篇曰堅觡今諸解而不動觡亦垎也餘詳陳說

剽忞橐土　案周禮草人輕爂釋名土白曰漂漂輕飛散也

剽與爂漂同忞下文作怵

大長以美　吳云大當為條

其山之旁有彼黃䖟　䖟與蝱同見詩載馳爾雅作莔

其山之淺　案周禮大司徒鄭注下文平曰衍釋名山根下之受霤處曰甽皆與此淺字義同山之下涇地水所都聚或入於澗而泛溢

其杞其茸　尹注云茸木名隆案集韻三鍾有樈字樈木罕聞

為池故下文言水草

羣木安遂　王云安於是也爾雅曰遂彊也言羣木於是彊盛也尹注以安為和易非是下文羣藥安生聚木安聚同隆案遂乃遂字誤遂生也與下文羣藥安生同義

榆桃柳棟　尹注云棟音煉隆案今本是棟字朱本亦作棟如尹說則棟當為楝从柬上文松茸容為韻此句亦必用韻則棟字是而楝字非然棟為木名未聞俟考○四木並舉榆桃柳皆所習見不應厠入罕見之木今以韻求之定改為桐

薑與桔梗小辛大蒙　案御覽木九百八十九引作少辛案作少為長

其山之旁有彼黃寅　案寅與蝱同見詩載馳爾雅作莔

芬然若澤若屯土　案以本篇芬焉若糠以肥華然如芬以脤白例絜之則澤若二字譌又衍一土字此本説土何必舉其主名知屯字不誤者屯與華然如芬以脤之脤同脤是飛揚與芬然之義合故知其不誤也知澤字誤者以上下文如米如糠

其林其漉　案漉即麓字釋名麓陸也言水流順陸燥也陸漉也水流漉而去也古字古義

羣木安逐鳥獸安施　王云安亦於是也施當爲族白虎通義曰族湊也聚也言鳥獸於是聚也上文聚藥安聚即其證族字上與漉穀逐爲韻下與鹿爲韻族與施字相近因譌而爲施尹注云施謂有以爲生謬矣陸案上文云羣木安遂今亦譌逐條長數大遂大爲韻以上下文知之此逐字亦當作遂六句中穀族鹿爲韻棟遂庶皆非韻王氏據誤本作逐入韻恐未確

以慈忍水旱　案以字衍慈讀爲滋滋多也言物種多忍水旱也下文五怸慈忍水旱五塥不忍水旱五殼不忍水旱皆無以字可證

如芬此芬字指葩華皆實有其物澤不能舉
其物故知其誤也

捍然如米以葆澤不離不圻　案以葆澤三字有誤上文云五沃之
土乾而不格湛而不澤無高下葆澤以處與此言葆澤同疑此
亦當作葆澤以處與下文圻字同部為韻
芬馬若糠以肥　案以肥疑當在灰下讀芬然若灰以肥句合上下
文例
華然如芬以脤　戴云脤疑振字誤隆案脤與振同振是飛揚
之義謂土之華襍如葩華而振起也周禮之華離正合此華
字訓
甚澤以疏離圻以臞腈　丁云甚即上文湛而不澤之湛謂土溼
解散又極麤疏也疏與臞字為韻腈字衍也此或注文訓臞為
腈文有脱落因而致誤隆案甚即湛字脱去水旁也爾雅臞

脨瘠也說文脨下云齊人謂臞脨也周禮大司徒注瘠臞也一切經音義瘠古文𤸃㾊膌三形據此而知膌字為尹注語矣

其種鴈膳黑實朱跗黃實　尹注云跗花足也隆案朱跗亦穀種之一鴈膳黑實朱跗黃實其色不同其種亦異下文云凡土物九十其種三十六今細數之多不符合即如中下土皆不言物混言草木竊所未解

五臲　丁云臲當為臬字之誤臬墝之叚字說文曰墝薄也隆案臬古通墽荀子注臬與墝同文選墝字注皆云與墽同莊子墽醇釋文作墝集韻亦云墽與墝同五臬為五穀云次是臬土即薄土也墝又與磽通說文磽磐确田也盡子注磽薄也荀子注墝薄田也一切經音義引通俗文云物堅硬謂

志無虛邪
戴曰周官考工記鄭注引虛作空陳奐曰虛邪二字連文楊雄太玄戾初一虛既邪心有傾測曰虛邪心傾懷不正也養次六大虛既邪或直之或翼之得矢夫測曰虛邪矢夫得賢臣也故奐案弟子職一篇管子存古書非所自作則謂虛邪未必非陳說詳毛傳疏詩言其虛其邪是委曲之義此言虛邪是褒曲之義為太玄所本陳氏詩疏其說詳詩虛邪二字之達文今擇其義之合於管子者錄之

之磽确田之堅确者必薄義相因也

弟子職第五十九　案漢志孝經家弟子職一篇應劭曰管仲所作在管子書

中心必式　案式讀爲侙說文侙惕也引吳語于其心侙然（今本作戚）廣雅侙慎也廣韻侙意慎侙也

既拚盥漱　案說文叁掃除也从土弁聲讀若糞禮記少儀作拚

所求雖不在　戴云朱本在作得　隆案尹注亦是得字

至於食時先生將食　案朱本至於食時以下提行案至於食時四字當屬上節讀食乃入字誤師出皆起至於入時謂師出則弟子不敢坐皆起立以待先生之入焉也出與入相對為文時與上文疑之起為韻下文先生將食弟子饌饋乃別為一節

饋與下文饋字鼈别卒退立合韻也戴視爲韻朱子儀禮經傳通解中載弟子職亦讀至於食時四字上屬惟食字誤未及改正蓋因下文將食而仞此爲起下之詞耳

弟子饌饋　吴云饌饋當作饋饌隆案饌在十四部與下文十五部字合韻亦近然不若依今本饋爲同部尹注云饌今譌饋謂選具其食而後選字正釋饌字玩注意當是選具其食而後饋之則所據本作饌饋審矣○又案疑注饋上脱饌字選具解饌其食宋本作在食解饋

左酒右醬　尹注云左酒右醬陰陽也隆案御覽飲食八百六十一引作左酒右漿旁注蔡邕注曰事尚書左右左酒近體也右漿上遠凡十八字類要引亦作左酒右漿并引注曰右漿左

文

尚潄也平音凡十字案今本漿作醬涉上文而誤兩書引皆作漿可證御覽又引蔡邕注亦詳所本類要引注亦與今本尹注不同且脫譌不可讀朱子云禮三飯乃食胾而辯殽皆畢又用酒以酳用漿以潄故言飯胾而食終乃言酒漿明在胾外也鄭注二禮兩引上文皆作漿字又此上文已云胾在醬前則此醬不應後在胾外矣今本誤也

周還而貳唯嗛之視　周禮酒正凡祭祀以灋共五齊三酒以實八尊大祭三貳中祭再貳小祭壹貳皆有酌數唯齊酒不貳皆有器量鄭司農云三貳三副益之也大祭天地中祭宗廟小

為尊者質不敢副益也杜子春云齊酒不貳

祭五祀齊酒不貳謂五齊以祭不益也其三酒人所飲者益也弟子職曰周旋而貳唯嗛之視玄謂三貳再貳壹貳者謂就三酒

之尊而益之也益之者以飲諸臣若今常滿尊也疏云杜子春引弟子職者是管子書弟子職篇其弟子□□□浦鏜云疑飲酒作事師長之時弟子用注惠校本作來往周旋而貳者欲副益酒尊之時嗛謂不滿唯酒尊不滿者視之更益

拚前斂祭　尹注云既食畢掃席前拚摟斂所祭也隆案上下文無言祭禮句字亦不屬祭必食字誤尹注云摟斂所祭蓋本是食字今本亦譌作祭不成文義拚前斂食謂食畢將掃席前即藏其所食之餘也食與上文徹合韻○宋本斂作板隆案禮記內則士於坫一是藏食之所謂之坫鄭注云庋食物庋亦藏也因疑宋本板字即庋字之誤庋又作攱與庋一字筆畫與板字近今本作斂蓋淺人不知板之當為庋而妄

既徹并器　案并與屏同

改之論字形則斂字較遠安改之跡可見矣

飯必捧擊　陳云擊者擊字之誤說文揚雄曰擊握也捧擊捧握也握持也隆案說文擊撮持也擊與擊字形近

其儀不忒　戴云宋本忒作貸隆案貸當為貣古忒貣通用說文忒失常也忒更也忒忒亦同義

執箕膺揲　洪云揲當依下文作葉隆案禮記曲禮鄭注引弟子職曰執箕膺擖厥中有帚陸氏釋文本擖作葉

右手執燭左手正櫛　禮記檀弓夏后氏堲周注引弟子職曰右手折堲音義管子云左手執燭右手折即即燭頭燼也正義曰弟子職篇云左手秉燭右手正堲鄭云折堲者即是正除之義隆案今本左右二字互易顯見其誤執燭易任左手正櫛

既徹并器
欣夫案并與屏同

難利用右手右手近前尚右之義正櫛時左手之燭不近前下文言居句如矩則兩手相去遠矣櫛當依鄭注作堲古字少借用堲又用即廣雅乃有从火之熧

問所何趾　說文足部疋足也上象腓腸下从止引弟子職曰問疋何止段注云謂問尊長之臥足當在何方也內則曰將[illegible]衽長者奉席請何止止一足趾足也疋所葅切宋云說文所引古文弟子職也以所為疋是隸書假借疋有沮音古疋足所可通用止亦通趾陸粲段宋說所即說文之疋是也士昏禮注古文止作趾此止趾同字之證說文止下基也象艸木出其趾故以止為足士昏禮注止足也是以止為趾足之趾也此篇之趾與內則之止同是以趾為止息之止也釋名趾止也趾止同義

臣下之高行
陳云宋本無下字

主惠而不解
欣夫案解古懈字下同

言昭第六十亡

修身第六十一亡

問霸第六十二亡

牧民第六十三亡

形勢解第六十四

則民奉養　案當作民人養對下子婦孝爵禄至美名附下文

民人附子婦孝亦對文

故曰貴有以行令也　案宋本脫以字

比賤人之所以亡其卑也故曰賤有以亡卑　案兩亡字當依形勢篇

作忘

所謂抱蜀者祠器也　已詳王念孫宋翔鳳說隆案解本作

蜀者祠器也蜀一也方言一道也說文祠讀為治本徐顗祠器治器也治器治天下之器也卽指道言之謂道為治天下之器可也径謂道為器不可也是治器二字專解道字解義最精若抱字之訓人亦易曉可[illegible]弗解及今本涉下抱蜀不言而衍抱字解者紛紛誤仞抱訓祠蜀訓器矣尹注形勢篇云抱持也蜀祠器也蜀為祠器正本後解為訓是其確證尹注時解尚不誤若如今本則尹必曰抱蜀祠器也今尹注抱訓為持不與蜀字連文通訓祠器者尹以持祠器釋抱蜀增成解義也乃王氏依劉說改蜀為器宋氏又以為尹注襲形勢解之文而刪抱字其誤特甚

蜚搖而無所定謂之蜚蓬之問　案御覽百卉九百九十七

明主之動靜得義理　案動靜當依
下文作動作

引蜚皆作飛問作間

亂由主動

故雖不用犧牲珪璧　宋本璧作壁顧廣圻云壁即璧字
下兩壁同

亂主之動作失義理　案義理當作理義上文云明主之動靜得理
義下文理義五見可證此文義理之誤倒

度量馬力審其足走故能取遠道而馬不罷　御覽方術七百四十
六引作量其馬力無審其足走四字又罷字下旁注音疲二字隆
案足讀知足知止之足老子河上公注足止也審其行走故能取遠
道審其止息故馬不罷

故衆理相當　戴云宋本理作極隆案他本及御覽類聚引皆

作理吳云極中也衆以喻輻極以喻轂

過之有實　棠元本有作真

所謂平原者下澤也雖有小封不得爲高故曰平原之隰奚有於高

王云當云所謂平隰者下澤也雖有小封不得爲高故曰平隰之封奚有於高與今本形勢篇作平原之隰奚有於高與此同誤據尹注云平隰之澤雖有小封不成於高則作平隰之封是其明證下溼曰隰謂之下澤故解云所謂平隰者下澤也隆棠釋名曰下溼曰隰隰蟄也蟄溼意也下而有水曰澤言潤澤也是隰澤同義

雖有小隈不以爲深　棠以當爲得草書得作㝵形近以字故誤上文云雖有小封不得爲高

澤布於天下　案詳玩上下文義此五字疑衍且久遠句正指海内後世兩句言海内言遠後世言久天下即是海内若加入此句是自亂其對句例也

故曰美人之懷定服而勿厭也　吴云定當為樂屬上讀潼案定當為必屬下讀上文云必服道德而勿厭也則作必字審矣

小人不義亦諾　案小人下疑有脫文當作小人之諾言也不論其理義不計其可否云云對上聖人論理義計可否言之觀上節其例自見

故其諾未嘗不信也　言而必諾故其諾未必信也　案當作故其諾言未嘗不信也故其諾言未必信也脫兩言字衍言而必諾四字諾言承上聖人之諾言上節云故其所得事者常為身

俞説同俟再攷

寶故其所得事者未嘗爲賴也彼言得事承上必得之事句則此亦當作諾言承上必諾之言句矣○或今本不誤惟故其諾未嘗不信也句上脱言不必諾四字亦通

山不辭土石故能成其高　戴云元本無石字丁云山不辭土與海不辭水對文文選三引亦皆無石字意林同陸棠文選三十九之四引有石字此後人據今本改之史記李斯列傳索隱管子曰泰山不辭土石又因正文大山不讓土壤而誤衍泰字史記集解序正義引作山不辭土不誤

士不厭學故能成其聖　棠御覽引厭下有其字聖作身也二字

辯明禮義　吴云當作明禮辯義

亂主自智也　戴云也字衍　隆案下文云矜奮自功而不因衆人之力句法相同

天生四時　案生疑正字誤

地生萬財　案財與材通

以尺寸量長短則得　戴云宋本作短長　隆案御覽引同

以法數治民則安　案御覽引作以法教民

故事不廣於理者　案御覽引無不字

故臣不知於為臣之理　戴云元本無於字　隆案下文為人子句亦無於字

(王三)五伯　陳云此五伯在春秋前　隆案毛詩疏引服虔說五霸夏伯昆吾商伯大彭豕韋周伯齊桓晉文應劭風俗通杜

注左成二年傳顏師古注漢書異姓諸侯王表竝同此三代之五伯也趙注孟子五霸謂齊桓晉文秦繆宋襄楚莊顏注漢書同姓諸侯王表則云齊桓宋襄晉文秦繆吴夫差白虎通存其說其後一說謂齊桓晉文秦繆楚莊吴闔閭此皆春秋之五伯也若不數桓文而別有所謂五伯者於古無徵俟考

禹身決瀆斬高橋下以致民利　趙本橋字句隆業當讀斬高橋下句以致民利句斬高與橋下對文以致民利與上下文句法一例丁云橋當作撟隆謂撟有弗除之義說文弗撟也爾雅弗治也詩生民傳茀治也箋除治也

不以其理動者下已則慈母笞之　宋云不以其理動者六字

不以其理下乙
宋翔鳳刪不以其理四字於夫案宋刪
非也不以其理對上其理然也句言此倒
裝文法下文故以其理動者不以其理動
者兩句故字承上言之宋本理下出衍字
謂動者二字衍耳

涉下文衍宋本但有不以其理四字又理下有一衍字是校者
所加謂此四字為衍文也近本則反據下文添動者二字此近刻
不及宋本也隆案宋說非也不以其理對上其理然也句言此
倒裝文法下文故以其理動者不以其理動者兩句故字承上
言之宋本理下出衍字謂動者二字衍耳

其功逆天者天違之　案宋本違作圍王云古字假借

則醜恥而人不信也　戴本元本則下有身字隆案身醜恥與上文天下乖
亂對文

群臣多姦立私　戴云宋本立誤作也私作利吴云當作明堂比周

立政九敗解第六十五

則群臣皆全其生而生又養　案又與有通

故曰勞矣　案矣字衍下文云故曰費亦無矣字

版法解第六十六

象四時之行以治天下　案類要引有也字

物無遺者　案説見本篇

富祿有功以勸之　案富祿誤倒詳本篇

嚴教以示之明刑罰以致之　案教下疑脱順字教順即教訓管子多以順爲訓或嚴教對明刑衍罰字明刑即嚴刑也下文云設利以致之明愛以親之句法亦可證

故曰頓卒怠倦以辱之　戴云宋本怠作台古字也隆案台即怠字後人不明假借而改之今版法篇亦作怠字○卒與顇通説文顇醮顇也荀子王霸篇勞苦耗顇孰甚焉楊倞注顇顦顇也爾雅顇病也詩傳作瘁左成九年傳作蕉萃昭

故曰勢矣 欣夫案矣字衍下文云故曰貴亦無矣字

七年傳作憔悴

燭臨萬族而事使之 吳云事當為兼

則無遺善 案則上當有能審察三字

是故明君設利以致之 案致字當依上下文作至然致至二字古亦通用

憂施俱行 丁云憂施當作憂利下文同 潼案下文故曰四說在憂施憂施亦當作憂利下文又曰凡君所以有衆者憂施之德也又曰憂施所設又曰憂施之德雖行而無私亦當一例作憂利觀下文憂有所移利有所并二語則憂施之當為憂利有明證矣今本作憂施者施利形近而譌版法篇亦譌施或謂版法篇之施與私為韻潼謂施在十七部私在十五部合韻亦近然不若改利字同私十

五新尤為近之

愛施所設四固不能守　戴云元本作憂施所施設隆案此可作憂施作憂利之證詳前校元本亦當作憂利所施設此相涉而譌今本設上無施字因句中有施字而刪之耳四固不能守疑指鄰敵言謂我有憂利則鄰敵不能守矣不然兩句文義不貫

飾父子兄弟夫妻之義飾男女之別　吳云義當為禮隆案宋本兄弟作弟兄是也凡兄弟當一例改弟兄飾與飭同

咎怨所生生於非理　案怨咎疑當作怨咨下文曰鬱怨曰憾恨皆是也禮緇衣引君雅曰夏日暑雨小民惟曰怨資鄭讀資下屬逸周書太子晉篇曰莫有怨訾訾與怨咨同

故曰閑禍在除怨也　御覽人事四百八十三類聚三十八引閑作

閑無也字　案版法篇亦無也字

佐賢則君尊國安民治　案佐賢當作任賢此涉上賢佐而誤任

賢與無佐二句即承上文賢佐二句字言之下文備長存乎任賢

此即任賢二字之明證

備長存乎任賢　戴云元本存作在隆案存在二字古通用故版

法篇作在下文安高在乎同利亦是在字

此所謂能以所不利利人者也　此所謂能以所不有予人者也　丁

云此節及下節忽入閉對語與此篇文不類疑它篇中之錯簡也

隆案法天合德數語上文所有竊所未曉且言天地日月而獨遺

四時殘文孤證存疑可也

惡不公議而名當稱　趙云當一作常隆案元本正作常

明法解第六十七

貴臣不得蔽賤　戴云中立本蔽下有其字　陸案宋本元本亦有其字

貴臣疑當作貴者　對出下近者言　貴近二字承羣臣言　今本涉上羣臣而誤

非愛主也　丁云當云非以愛主也　下文此句凡三見　陸案下文三以字皆衍　惟此尚不誤　詳玩之必能得焉　丁說非

欲以愛爵祿而避刑罰也　王云愛字當依宋本作受　陸案下文云而求推譽以避刑罰而受爵祿焉　則此文作受可證

且夫憎韓不愛安陵氏可也　今本愛誤作受二字形近易譌

故姦詐之人不能誤也　丁云誤試字之譌　陸案疑謀字譌　然御覽引亦作誤　承譌久矣

不敢進也
欣夫棨當作不能進也与下句例

一農之量壤百畝也　棨御覽引
壤作包

上則相為候望於主　宋本主作天宋云作天者是候望謂妄
測天時以思徼幸也　陸棨宋說大謬上下文串一言天何偏袒
宋本如是觀下文云姦邪在主之側者不能勿惡之非惡之則
必候主閒而日夜危之則本文之作主確有明證
雖有大義　戴云義俄之借字說詳王氏尚書述聞　陸棨義讀如鵠義
姦究之義　廣雅云俄邪也俄與義同
身無煩勞而分職　丁云分職下有脫文　陸棨分職猶職分二字
平列屢見上文
臣乘馬第六十八
春已失二十五日而尚有起夏作　棨有與又通作讀如堯典平秩東
作之作

有衡求幣焉　案有與又通

使農夫寒耕暑耘　戴云藝文類聚歲時部下御覽時序部十九白帖四引此暑並作熱隆案賈子審微篇云民手寒耕熱耘曾弗得食也本此王氏亦從熱

而織歸於府者　元本職作功隆案織疑職之假借字如識文之即織文職方之為識方職與功字義亦近

謂遠近之縣里邑百官　案里字涉上州里而衍山至數篇君下令謂郡縣屬大夫里邑皆藉粟入若干此里邑是州里上文云幣之在子者以為穀而廩之州里是也與若此篇之縣邑百官乃山至數之郡縣屬大夫也不得據彼文里邑改縣邑為縣里邑也蓋縣邑即周禮之縣鄙州里即周禮之州里

乘馬數第六十九

上分下游於分之閒而用足　丁云當作上下游於分之閒而用足分字涉上下文而衍隆案分疑與之誤今本作分者與或作与近形分字又涉下文分字而譌

此齊力而功地田筴相圓　宋本朱本圓作員隆案作員是也員者均也詩景員維何毛傳曰員均也管子有地員即周禮大司徒之土均鄭注均平也主平土地之政令者也宋云田筴相員謂以筴通田之數員數也隆謂訓員爲數與管子都凡員字不合田筴相數解亦近迂趙本功字絕句非○爾雅功勝也說文勝任也釋名功攻也攻治之乃成也小問篇曰力地而勤王改於時力地即功地也

如廢方於地　案方讀爾雅容謂之防之防古人置於坐地若今之圍屏或曰方版也

十八　學禮齋藁本

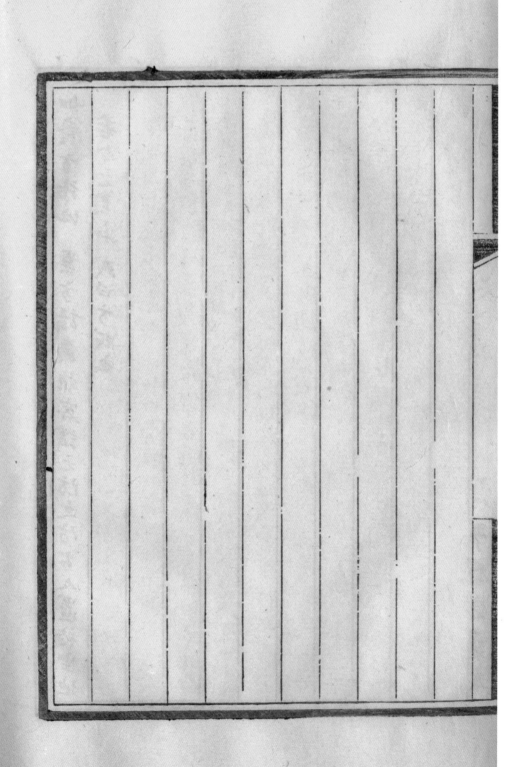

餌豆之事不致牲
飲夫案不字衍

管子校釋卷八

吳縣原籍秀水王大隆學

事語第七十一

泰奢教我曰　案下文泰奢之數是泰字元本下文亦作泰未知孰是

則女事不泰　戴云宋本作士女不泰隆案士女疑本作女士古士事通

凡十勝者盡有之　案十當為六上文只有六勝此則承上言之

海王第七十二

吾欲藉於樹木　吾欲藉於六畜　案句末皆當補何如二字上下文竝有

禺筴之商日二百萬　案字句舊讀非蓋商（商）非商賈之商也禺古隅字爾雅釋（齊）有海隅郭注云海濱廣斥高注淮南墬形篇齊之海隅云隅猶崖也齊有渠展之鹽渠展即海隅（胡渭禹貢錐指說）地廣大故渾言隅管子以海王名篇故有禺筴禺是海隅筴是鹽筴商疑作數字解算家有商法未識是不

國蓄第七十三

五穀食米　案食米當作粟米輕重乙篇正作五穀粟米

民予則喜奪則怒民情皆然　案上民字衍玩文義自得之

民之通施也　輕重甲篇施作移　案古讀施如移詩施於中谷傳施移也施于孫子箋施猶易也延也延易謂之施亦謂之移交易謂之移亦謂之施此轉展相訓無不可通者也輕重乙篇作通貨

租籍者所以彊求也租稅者所慮而請也　丁云租籍疑當作征籍輕重乙篇曰故租籍君之所宜得也正籍者君之所

愚者有不賡本之事　尹注云賡猶償也隆案檀弓請賡之鄭注曰賡償也周禮司弓矢弗用則更鄭注云更償也賡與庚更並同說文以賡為古續字不續本即是不償本也

强求也正與征同正籍即征籍租籍即租税也今本作租籍者涉下文租税而誤隆案征如關市之征是故以為强求租如公田所入是故以為宜得租從助法得義觀乘馬諸篇管子時尚行公田與周官制度不甚不合今本征籍作租籍則與租税不分矣

判有所并藏也　案元本無藏字是也

乃今使民下相役耳　案宋本下作亟令乃令字誤令使猶使令也

惡能以為治乎　案宋本尹注末出惡音烏三字

鍾鑲糧食　戴云宋本作種饟山國軌篇尹注引此文同隆案宋本糧作粮「宋云粮當是粻字（七字當小注）無朱本亦作種饟漢書食貨

二

志男子力耕不足糧饟又云種饟糧食注饟古餉字説文周人謂餉曰饟○公羊宣六年傳齊人畚謂之鍾

中歲之穀糶石十錢 「宋本糶作糴」案作糴是也糴石十錢謂錢十可得入穀毋一石也此指大男大女吾子言之故下文有四十之籍有三十之籍有二十之籍下文又曰歲凶穀貴糴石二十錢亦謂錢二十可得入穀一石也

收穡而戸籍也 案尹注穡作畜

故貴賤可調而君得其利 案其利下元本有通典注穀賤則以幣與食布幣賤以幣與衣者與當口為易隨其所賤而以幣易取之則輕重貴賤由君上也四十二字 皆旁注小字

危懾圍沮 案懾與攝同

是特名羅於為君耳無壤之有號有百乘之守而實無尺壤之用　趙讀號字句隆案當讀無壤之有句言名為君實無尺壤之有也號名也名有百乘之守而實無尺壤之用即上無壤之有之義○羅讀為離方言曰羅謂之離離謂之羅羅離聲之轉離之為言附麗也易離卦云離麗也周官鄭注麗附也

官賦軌符　吳云符當為守

千乘之國封　戴云當作千乘之封國今本誤倒隆案封字屬下讀千乘之國與百乘之國萬乘之國一例

封天財之所殖　吳云封當為官隆案封封守也為之厲禁

山國軌第七十四

而農夫敬事力作　案敬當爲苟
與亟同
故天毀埊　宋本下出古地反三小
字吴云當作天毀地反今反字
誤入小注隆案元本作古地字反
卽字之譌埊下有脫文無致
管子對曰梁山之陽　案下文管子曰兩
見疑有脫譌

十畝之壤　戴云宋本畝作鼓隆案十鼓是也廣雅曰斛謂之鼓一斛
而得一石十鼓則十石也十鼓之壤高田也山權數篇曰高田十石
山田間田曰　案曰字屬下讀例見上文
環穀而應假幣　案趙本假幣下屬誤上文云貲家假幣○環臣
乘馬篇作還
泰夏民之令之所止　趙云之字衍隆案蓋因下文兩句皆有之字故
謂此衍然宋本一例有之字
捍寵　元本朱本皆作籠案籠字是
山權數第七十五
阸亦藏分　案阸隘古字通
故地無量國無筴　元本朱本竝作故地有量隆案上文亦言地

量人力而舉功　案人字衍

有量作有是　与戴同删

易者所以守吉凶成敗也卜者所以卜吉凶利害也　案上文言五官技此易者卜者合之上文詩者時者春秋者行者則爲六官技矣疑守吉凶以下八字衍易者卜筮之用易與卜斷不可分爲二當云易者所以卜吉凶利害也今本凶吉二字涉下文凶吉而衍成敗二字又涉上記成敗而衍

六家者即見其時　案六家即五官之謁上文是言五官技

此謂君揀　案揀當爲棟説文柄棟同字

晉有臣不忠於其君　晉之過失也　案齊晉二字古多互譌見水地篇證以下文云齊之公過則晉字皆當作齊或謂管子對桓公不可言齊臣慮殺其主見本節故託詞於晉然則齊

字皆當作晉此二字必有一誤俟攷

賜若服中大夫　尹注云中大夫齋爵也隆案下文云賜若服大夫之服以終而身則尹説非是中讀不相中之中當也亦合也爾雅齋中也齋是等齋謂所賜之服等齋於大夫也

之龜爲無貲　戴云之乃以字誤隆案之疑立字僞誤

山至數第七十六

古者輕賦税而肥籍斂　丁云肥古俷字集韻曰俷薄也列子黃帝篇口所偏肥晉國黜之張湛注曰肥薄也隆案下文祿肥幣輕同

内國俾賤　案賤字下當補無祿二字

今國穀重十倍而萬物輕　戴云今國穀上脫管子曰三字隆案

令國穀以下至權也皆管子言此或省文故不出管子曰三字古書每有是例

連朋而聚與　趙讀與字下屬誤聚合也下文云外則諸侯連朋合與

於是縣州里　案是乃郡字誤五字合上下文讀山至數篇下文曰君下令謂郡縣屬大夫里邑皆籍粟入若干彼言里邑與此言州里同

大夫不得以富侈以重藏輕國常有十國之筴也　趙讀大夫至輕國句常下七字句大謬　案當讀大夫不得以富侈句以重藏輕句國常有十句國之筴也句十十倍也

守家以一人之筴　案朱本作守一家是也

民不得以織爲縿綃而貍之於地　案貍即薶字

兄弟五人　案當作弟兄心術下内業版法解揆度亦一例作弟兄

常藏穀三分之一　安井衡云古本藏下有國字隆案朱本亦有是也

與工雕文梓器以下　戴云興疑輿字誤隆案輿工猶攷工記之輿人

以東西南北相彼用　戴云彼疑被字誤隆案彼乃假字誤也國軌篇環穀而應假幣

謂之國簿　朱本簿作薄宋本从竹作簿隆案古無簿字假薄為之

地數第七十七

湯有七十里之薄而用有餘　案薄與亳同逸周書殷祝以薄

之居注薄湯所居也荀子呂覽漢書皆作薄禮記郊特牲釋文薄本作亳

上有慈石者　戴云慈即磁之假字隆案御覽珠寶八百十引同地三十八引作磁

苟山之見其榮　元本榮下有者字案下文亦有者字當據補

然則與折取之遠矣　案折讀為晢見說文

葛盧之山　案類聚引盧作廬

金起於汝漢之右洿　案輕重乙篇揆度篇作右衢

吾欲守國財而毋稅於天下而外因天下可乎　王壽同云稅當為挩挩者奪之假字也隆案說文曰挩解挩也挩即脫字經典多作脫禮記亦假稅說字為之禮文王世子不稅冠釋文稅本作脫檀弓不說齊衰釋文說本作稅是脫稅說[illegible]通皆釋文

六

學禮齋藁本

稅音他活反詩瞻卬釋文說一音他活反古同音蓋兌聲字古多通用故王氏讀稅為挩然管子之稅是敓字之假音說文攴部曰敓彊取引周書敓攘矯虔今呂刑篇敓作奪然則敓者奪之正字管子本假稅為敓乃王氏以解挩之挩易之仍與奪字義不侔矣

夫水激而流渠 王壽同云渠讀當為遽遽急也漨業渠遽同聲假借詩夏屋渠渠文選王延壽魯靈光殿賦李注引崔駰七依曰夏屋遽遽遽音渠是其證與激義近

11下一

武王以巨橋之粟 以巨橋之粟 案上文言國穀二什倍巨橋之粟亦二什倍此亦當一言國粟一言巨橋之粟但兩句中未知疇誤疑不能定也

11下九

十人咶鹽　戴云御覽飲食部三十二引咶俱作舐隆案說文舓 乂五
或作䑛
莫泲水爲鹽　洪云泲當作沸戴云宋本正作沸隆案玉篇泲古 乂九
濟字說文泲沇也東入於海不釋泲水而輕重甲篇注渠展齊
地泲今謂泲水所流入海之處似據此文泲水爲說案渠展在近
海處不必與濟水相接且濟水無藉於鹽觀下文以四十倍之賈
循河濟之流可證其非泲沇之泲矣泲乃沸字誤洪說甚是
沸水水之沸出者也輕重甲篇作沸火火卽水字誤而沸字不
誤輕重乙篇夫海出泲無止宋本泲亦作沸是其明證
守圉之本其用鹽獨重　案輕重甲篇作守圉之國用鹽獨重 乂十五
當改本爲國而刪其字但本字何以爲國觀下文衢處之本輕

重甲輕重乙正作國則政本為國不為無據矣

夫本富而財物衆不能守則稅於天下五穀興豐巨錢而天下貴則稅於天下　王壽同云兩稅字皆當為挩即奪之借　隆讀稅為鎚俱見前○巨錢疑當作巳賤

通達所出也　戴云達當是道字之誤　隆案所疑四字誤通道四出即上所謂衢處之國亦即國蓄篇云壤正方四面受敵衢處之國也爾雅四達謂之衢郭注云交道四出與管子衢處為通道四出同大戴禮子張問入官篇云六馬之離必於四達之衢釋名云齊魯間謂四齒杷為欋欋杷地則有四齒此道似之也保氏五馭舞交衢○案通達四出亦通通達四出爾雅所謂四達也公羊定八年疏引孫氏曰交通四出是也

游子勝商之所道　丁云勝當作媵　隆案疑騰字誤廣雅騰過也　離騷騰衆車使徑待注同騰商猶過商也

騏驥黃金然後出　趙本然後出下屬誤輕重乙篇並後戴黃金而出卽其證

揆度第七十八

乘天時以隘制天下　案隘同搤又作扼度地篇因而阨之可也阨卽扼之借

皆以雙武之皮　案武本是虎字唐人避諱改注及下文已改元本皆未改

故相任寅爲官都　案寅疑官字誤相爲百官之長任使百官爲官之總領問篇云問五官有度制官都其有常斷尹注

云官都謂總攝諸司者也。又度地篇有都水匠工當是總領治
水者都有聚義總亦聚也故官都爲百官之總漢有都水使
者明有都察亦仿此
重門擊柝　案柝當改析
國弊之少分廩於貧人　案弊當爲幣下文云若此則幣重三 三一
分
此乃財餘以滿不足之數　戴云宋本數下有也字隆案宋本同 三十六
財作則財讀易益財用之財鄭注易云財節也釋文財荀本
作裁
二十國之筴也　劉云別本二十作世字下放此隆案世乃廿之誤蓋 三十八
別本二十作廿耳

一歲耕五歲食粟價五倍一歲耕六歲食粟價六倍二年耕而十
一年食　丁云十一年疑當作十二年下文亦當有粟價十二倍五字
即上文一歲耕六歲食粟價六倍之倍數也淦案粟價五倍
粟價六倍二句趙本粟字上屬誤事語篇云歲藏一十年而
十也歲藏二五年而十也山權數篇王者歲守十分之參與少
半或歲三十一年而藏十年與少半或加以倍或去以倍重言
以聲明之古人文法往往如是

毋曰用之用不得不用也　宋本作使不得不用也淦案宋本是也
淺人見上文使不得不使因改此文為用不得不用相為屬對
不知上使字當作令字解使不得不使者令民不得不為我
使也使不得不用者令民不得不為我用也山至數篇曰彼善

九

學禮齋藁本

文七

文下二

為國者不曰使之使不得不使不曰用之使不得不用故使民無有不用得今謂不使者是其證

汝漢水之右衢黃金　案黃金上當有之字下文云江陽之珠秦明山之曾青皆有之字汝漢水之右衢是言地名與江陽秦明山一例後人誤仞兩之字重出而刪其一地數篇

利上下之用　戴云元本利作制陸案作制是也下文出地數篇輕重篇並作制上下之用

民有為之飢者　民有為之寒者　案御覽意林類要引皆無為之二字

必起於糞土　丁云起疑赴之誤輕重甲篇曰勿使赴於溝澮之中是其明證陸案赴讀為仆說文仆頓也斃下云頓仆也左

10八　卜一　12七

傳正義引爾雅弊仆也今本仆作踣仆踣通

神農之數曰　案呂氏春秋記勝之書漢書食貨志引神農之教

劉子文子引神農之法漢藝文志農家有神農二十篇注引

劉向別録云疑李悝商君所說

國准第七十九

立施以守五穀　戴云朱本施作弛弛上有殺字五穀下有之所

生也四字隆案一本是也上文立字下皆不止一字殺疑設散斂字

之誤弛施古通用

輕重甲第八十　史記齊世家索隱曰管子有理人輕重之法

七篇輕重錢也又言捕魚煑鹽法又管晏列傳索隱曰輕

重謂錢管子有輕重篇正義曰輕重謂恥辱也隆案輕重

十

學禮齋藁本

者輕其所重重其所輕也捕魚法當在此篇內惜不傳
伊尹以薄之　案當合下游女工文繡纂組七字讀薄同亳
故聖人善用非其有使非其人　案趙本用字句使字句謬地
數篇曰善者用非有句使非人
弛牝虎充市　案御覽人事四百六十八資產八百廿七獸八百九十
一引皆作放虎弛放義相近當是一本作放寫者併入又誤作
牝耳
跱畜之家　張云跱當作峙與庤同說文作偫隆案類篇跱畜財
也（集韻跱文里切音峙）跱即跱字後漢章帝紀所經道上郡縣無得設
儲跱注跱具也
天下有慮齊獨不與其謀　戴云高誘注呂氏春秋曰慮亂也隆

案趙讀褻上屬誤當讀天下有慮句與讀如豫玉篇豫或作預一切經音義十九云豫古文作與儀禮注古文與作豫

金鏂之數　戴云宋本金作釜是　隆案下文正作釜

十人之力不可得而恃　案宋本恃作燒

君請式璧而聘之　段云式讀當爲飾字之假借　隆案說文云飾𣪠也讀若式古讀本通釋名云飾拭也聘禮云賈人北面坐拭圭拭飾義同

昔堯之五吏　戴云宋本五吏作五更下同　夏云周之五更本此下文亦應作更　隆案恐更字誤

天下倪而是耳　洪云倪通作睨宋云是與視通用　隆案中庸睨而視之說文睨邪視也又見輕重乙篇爾雅左倪不類右倪不若

左傳注城上僻倪皆借倪為睨是即睼之借說文睼迎視也讀若珥瑱之瑱玉篇題視也詩小雅傳題視也假借字

煑沸水火為鹽　戴云火字誤當依朱本作水淦案元本朱本作煑水脫沸字元本鹽下有煑海水也四小字

彼盡饋食之國也　案尹注本國自無遠饋而食八字元本在國也下極是

笍曲之疆　洪云字書無笍字月令具曲植籧匡呂氏春秋籧作籧笍即籧之壞字　淦案月令鄭注云曲薄也籧亦作筥筐籧器也淮南時則作具樸曲筥筐笍疑筥筐字之譌

次日獲麥　案獲讀為穫古通用爾雅穧穫也郭注穫禾為穧荀子富國篇一歲而再獲之楊倞注獲讀為穫逸周

110九　110下七　111下八　112一

書大開式篇既秋而不獲

次日薄芋　宋本芋作芓隆案薄之言迫也薄與鎛同鎛薄與槈蓐同義釋名鎛亦鋤田器也鎛迫也迫地去草也

臣給至於國都善者鄉因其輕重　吳云臣給當作自鄉下句鄉字衍

令操不反之事　張云不反疑卽上文下艾二字之譌隆案反乃本字譌不本之事無本之事也上文曰事再其本事三其本事四其本事五其本又曰令事不能再其本戒篇曰春出原農事之不本者謂之游

顧不見親　吳云當作奮不顧親

令君躬犂墾田耕發草土得其穀矣　案躬親也身也犂

十二　學禮齋藁本

田器今君躬犂者今君身親田器也墾田發草四字句耕字出
枝者語當是一本墾作耕或因國蓄篇作耕旁注之因併入
之土乃上字誤國蓄篇曰且君引鏺量用句耕田發草句上得
其數矣尚不誤

民人之食有人若干步畝之數　案國蓄篇曰民人所食人有若
干步畝之數矣此謂民所食之田數計田非計食也之食當改
所食有人亦改作人有為長

君雖強本趣耕發草立幣而無止　丁云發草與立幣連言不詞
疑涉上而衍　案國蓄篇曰則君雖強本趣耕而自為鑄幣
而無已亦無發草二字是其明證

桓公問四因　案四因二字必有誤吴云四當為焉上屬因字下屬

旧三　旧七　旧下三

隆謂吳說不確
萬物之可因而不因者　案上句未有知字當連讀趙讀誤
責之卿　責之令大夫　案責之卿當連下諸侯二字讀乙篇卿
諸侯二字連屬可證令與命通令大夫當是命大夫乙篇亦有
令大夫在卿之下列大夫之上亦當是命大夫王制所謂一卿命於
其君者或是也稱命大夫避二卿亦別於列大夫之亦命者
不險山川而能服有恃之國　案宋本國作固國與民對則宋本
作固非矣然宋本有大佳處蓋本作恃固之國特固之二字倒
置國又誤有移置特恃上耳若今本改固爲國是一誤再誤眞
本愈失不可究矣七法篇正作恃固之國
容金而金也　陳云上金字疑誤丁云而金疑當作千金隆案

而金疑當作百金又疑金字謂下金字即鎰之壞

輕重乙第八十一

缺然不朝　案缺與觖同史記燕世家獨此尚觖望薛瓚曰謂相觖而怨望也如淳曰觖與闢別之缺同臣瓚謂觖者缺也缺望不滿所望而怨耳玉篇觖望猶怨望也

請與之立壤列　丁云壤列二字連文證案周禮稻人先鄭注曰列者言非一道也列亦讀厲

天下之旁　案旁古方字儀禮士喪禮注今文旁為方廣雅旁方也一曰廣雅旁大也

器以時靡　案當合下幣字讀幣即獘敝也周禮之幣餘亦即敝說見述聞

然後載黄金而出　案宋本載作戴古通用

鼓山鐵　案鼓當爲鼔說文鼔擊鼓也讀若屬鼔擊雙聲凡擊物統謂之鼔本鼓注山鐵擿擊之乃出也地數篇言鐵折取之折即說文之硩說文硩字合取鐵之折字硩亦擊取之義故鄭康成說硩擿一字

河淤諸侯畝鍾之國也䞨山諸侯之國也　丁云䞨字義不可通左旁白字疑百字誤右旁責字疑負字誤百負即百倍也言畝鍾之國百倍於山諸侯之國也寫者誤拼百負二字爲䪥校者又改作䞨耳負倍二字古通用詹案書禹貢至于陪尾史記夏本紀作負漢地理志作倍是其例古負讀如倍管子以百負爲百倍因疑管子倍字古本必有作

買字者淺人改去多矣下文曰昔狄諸侯畝鍾之國也故粟十鍾而錙金程諸侯山諸侯之國也故粟五釜而錙金釜十為鍾十鍾則百釜也為五釜者二十倍言之故曰百倍也管子屢言百倍其本亦是鋪張其說假令釜價千百倍之而得十萬此必無之事國蓄篇曰智者有十倍人之功愚者有不賡本之事然而人君不能調故民利有百倍之生也上言十倍下言百倍輕重乙篇農夫辟其五穀三倍其價則正商失其事而農夫有百倍之利矣上言三倍下言百倍皆是侈大之詞

昔者紀氏之國一節　鹽鐵論力耕篇大夫曰賢聖治家非一室富國非一道昔管仲以權譎霸而范氏以強大亡陽城張敦仁云范當作紀大當作本管子輕重乙載其事此語出於彼

以下五

紀氏亡者卽春秋紀侯大去其國也者强本謂務農故大夫以
之難文學今本所誤絶不可通下文又云故善爲國者天下之下
我高天下之輕我重以末易其本以虛蕩其實其語亦本
管子輕重乙篇
日至日穫　戴云元本下日字作而隆案下文亦作而穫當據
改　下四
泰舟　案當作大周説見輕重甲篇　下九
桓公惕然太息曰　案太息疑大悳之誤悳與懼同惕然懼
皃　上二
行教半歲　吴云教字衍　上九
而虜其將　案宋本將作衆　下五

十五　學禮齋藁本

吾歲罔　案罔疑凶字誤

去一列稼緣封十五里之原強耕而自以為落其民　案一列稼一畦之稼也周禮稻人掌稼下地以列舍水先鄭云列者非一道也後鄭云列田之畦埒也十五里者或十里或五里也落村落也去一列稼緣封十五里之原者猶言一列稼去沿彊十里五里之原也強奪耕種而自聚村落此等之民君不得藉斗升其民二字句下文寡人云云與上一例

以是與天子提衡爭秩於諸侯　案當讀衡字句提衡猶持衡也（與抗衡同義）提持同聲猶時是通用之例衡如平衡之衡趙本誤讀正之

施平其歸我若流水　戴云宋本平作乎隆案施當為民言

十二　十の　十七　八六

不弃我君之有萌　吳云不弃當為不意

民之歸我若流水也

已有四者之序　案元本有作得

輕重丙第八十二亾

輕重丁第八十三

刻石而為璧　尹注云刻石刻其薔石　王云薔即嗇之譌

衡籍　案衡讀為横說見臣乘馬篇

其受息之氓　西方之氓者　段云兩氓字皆當為萌

聞子之假貸吾貧萌使有以絶其上令　王壽同云絶當為給下

文民多稱貸負子息以給上之急度上之求是其證　隆案下

文使吾萌春有以傳耜夏有以決芸而給上事又曰吾聞子

假貸吾貧萌使有以給寡人之急輕重戊篇曰應聲之正

十六　學禮齋藁本

文八　十五　上九　上下三　上下九

以國之籍臣

欣夫案臣疑百字誤下文云一可以為十十可以為百又曰舉國而一則無貲舉國而一則有百

無以給上亦皆其證

閵纂芘　案元本纂作蒭朱本作藂下同

決擭洛之水通之杭莊之閒　王云杭當為抗抗古讀若康抗莊即康莊隆案擭疑作濩杭讀為康爾雅五達謂之康郭注史記所謂康莊之衢古杭康同聲故通用禮記明堂位鄭注康讀為亢龍之亢又為高抗亢是其證

裹然多衣弊而屨穿　戴云宋本裹作褎是隆案爾雅褎多也

輕重戊第八十四

造六峜以迎陰陽　閻百詩云按王元美云峜當讀如計以企有跂音也奔文子號計研漢碑作峜研亦一證惠半農云峜古

13下六　12七　12下七　11三

畫字莊葆琛云畫當作㳒古法字隆案玉篇云㳒古文法字莊說是下文又有㳒字與㳒形尤近

鑽燧生火　戴云御覽火部二引生作出隆案皇王七十九引是生字作出是也出火見周禮

燒曾藪　案元本曾作增

始民知禮也　戴云始民當作民始

道四涇之水以商九州之高　朱本商作啇戴云涇當為瀆商當作奠皆字之誤隆案涇之為言猶經也人所經由謂之徑釋名徑經也人所經由也水所經由謂之涇四涇四瀆也爾雅曰江河淮濟謂之四瀆四瀆者發源注海者也釋名云天下大水四謂之四瀆江河淮濟是也瀆獨也各獨出其所而入海也然則四瀆發源注

海為天下之經流得別稱四涇矣度地篇曰水之出於山而流入於海者命曰經水蓋指四瀆言之四瀆為經水故管子謂為四涇之水也以商九州之高商度也九州當作九山字之誤書禹貢禹敷土隨山刊奠高山大川又曰九山刊旅史記夏本紀河渠書並言禹度九山即此所謂商九山之高也河渠書正義云治水以志九州山澤所生物產言於地所宜商而度之以制貢賦蓋蒙上文任土作貢為說與管子所言皆水平以後事矣

車轂齺騎　案說文齺作齵夏云當車轂齺句騎屬下讀本尹注

其年　齊民要術作朞年隆案其朞古通用詩夙夜基命禮記

孔子閒居作其命儀禮士喪禮注古文基作期此即其朞字

通之證矣

民被白布　戴云白帛假字嶢案齊民要術引作布帛　戴說是

輕重丁篇帛布絲纊之貫

清中而濁　案朱本中作內

丁壯者胡丸操彈居其下　戴云胡乃懷字誤輕重丁篇正作

懷嶢案廣雅袺謂之褹王氏疏證云管子丁壯者胡丸胡

與褹通爾雅執袵謂之袺毛傳義同廣雅義異者蓋本

於三家案釋名胡互也周禮鄭注互物謂有甲滿胡胡互音義近在咽下垂能斂互

物也左傳固陰沍寒互沍義亦近斂互之義與此胡字義合

歸市者王補亦淸倪　趙讀倪下屬誤案正世篇曰力罷則不

能無墮傀隋與墮同隋傀二字竝列傀卽隗之借 叶一

女子居涂　趙云一本涂上有内字案一本是也

代之出狐白之皮　案代下之字衍 叶九

卽令中大夫王師北將人徒載金錢之代谷之上　案宋本載下有 叶十五

其字

則將其士卒薄於代谷之上　御覽三引則皆作卽案古則卽 叶二

通用下文卽將其士卒亦作卽

輕重己第八十五

搢玉總帶玉監　宋本二玉字皆作王吳云當作乘玉璽隆案 叶六

監疑古鑒字下文帶錫監同

循於百姓　案循與巡同通 七

發出令曰　戴云發下當脫號字隆案宋本正有號字下文亦有號字當據補

耜耒耨懷鉊鈶又繮權渠繉緤　丁云耜耜字之誤隆案說文枱耒耑也或作鈶耜與枱鈶同或疑下文出鈶字不當一物兩舉因謂耜當改枱訓臿據說文枱臿也爲證隆謂耒耑爲耜言耒必及耜全書耜耒多連舉丁說是也○丁云懷櫌字之誤隆案說文櫌斫也齊謂之鎡其又云斫斸斸斫也櫌斸同○鈶丁云鉤字之誤隆案鉊說文大鐮也鈶次於鉊必非說文耒耑之鈶丁謂鉤字誤是也鉊爲大鐮鉤當是小鐮輕重乙篇言鐮此言鉊鉤或別大小異其名鄭注周禮薙氏云夷之以鉤鐮是其證○丁云權當依下文作穫說文作鑊

大鉏也渠與欋同釋名齊魯謂四齒杷爲欋隆案詩臣工釋文云穫本作鑊一从禾一从金周禮獸人釋文攫本作擭集韻戄或作㦜籰亦作篗一从矍一从蒦經傳相率通用可爲鑊作穫之證方言杷宋魏之閒謂之渠挐或謂之渠疏也太玄進以欋疏即此渠疏也渠疏者四齒攫出之義挐言之曰欋車輞曰牙大車輞曰渠亦此意也說文無欋而有欙云茉臿也从木入象形睸聲案說文睸下云讀若良士瞿瞿則欋欙同音茉下曰刃兩臿也則欋欙不同物矣與从說文之欙不若釋名之欋合齊語云○王云緄即繩字誤緤亦繩字段云緄即緄字誤隆案說文緄織帶也廣雅緄帶也用帶約木柄或取堅固或備裹夫他用段易爲緄合於王改繩字詩小

戎毛傳曰緄繩也卽其所本隆謂農夫用器大者不乏何取於繩帶而厠諸田器之中桒藏篇曰推引銚耨以當劍戟輕重乙篇曰銚耨當劍戟輕重乙篇曰一農之事必有一耜一銚一鎌一鎒一椎一銍管子言田器必及銚不應廣稱田器而反遺之然則緄必銚字誤錕不成字而字从兆則猶政之未盡矣綠字右旁亲與至字形近亦必銍字譌無疑矣古書金糸偏旁最易混淆說文銭銚也古田器詩庤乃錢鎛毛傳亦以銚釋錢莊子外篇銚鎒於是乎始脩說文銍穫禾短鐮也釋名銍穫禾鐵也呂覽上農篇因胥歲不舉銍艾數奪民時

毋聚大衆　案七臣七主篇對之彼作毋割大陵此有誤聚卽裂

字误山至數篇裂壞作衆壞可證

天子祀於太宗 戴云御覽時序部八引作祈天宗 隆案下文言

大祖則此作大宗爲是

無功者皆稱其位而立沃有功者 趙云沃一本作汰異隆案沃乃飫

字误 隆案據趙説一本作汰則無有二字當互易

有功者觀於外 案六字一句讀趙误

鑿動金石之音 吳臣案鑿字衍

民以不令 案令疑食字误

䅘渠當脅䩓 戴云宋本䅘作擭元本䩓作軻段云䩓當爲

鞫廣雅馬鞅謂之脅鞫 隆案廣雅馬鞅謂之脅句本王氏疏證鞫

靾駻䩞也疏證云鞫靾駻未詳所出蓋與段氏異讀此文

時三九 時下六 收二 收下六

蘉渠與銚耨對蘉渠是二物脅軻軻與劒戟對脅軻亦爲二物矣依王訂廣雅是鞅鞍二物然管子脅字凡三見幼官大匡篇曰脅盾中匡篇曰厚脅、卽是甲（本惠氏禮說）可無疑矣然軻以何物當之若改從廣雅馬鞶之鞠一被於人一被於馬似乎配得過玉篇有鞫字云兵器也亦未聞於古

蓑笠當梂櫓　丁云梂當爲楯之誤楯者盾之借字禁藏篇曰苴笠以當盾櫓是其證丁又云梂疑戟字誤陸案梂疑杆字誤杆卽干盾之干見漢書

附録

郭沫若先生《管子集校叙録》之商榷

王欣夫

《管子》一書，《漢書·藝文志》列道家，《隋書·經籍志》列法家，然通覈全書，雖言道、法爲多，而實亦兼載兵家、縱横家、儒家、陰陽家、農家之言，蓋後之治管氏之學者掇拾成書，與雜家爲近，故《漢志》『孝經』有《弟子職》，『儒家』有《内業》①，今列《管子》書中，是其證也。傅子②謂：『管仲之書，過半便是後之好事者所加，以説管仲死後事。』葉適亦謂：『《管子》非一人之筆，亦非一人之書，以其言毛嬙、西施、吴王好劍推之，當是春秋末年。』其言皆是也。

漢時劉向所定八十六篇，今亡者十篇，書中又多古字古言，自唐房玄齡（尹知章）注不滿人意，其後治者益鮮，傳世宋以來刻本，又多謬誤，故諸子書以管子爲難讀。清儒起而以治經之法治子，多有整理成書者，獨《管子》不然，高郵王念孫則精而不多，德清戴望則校而不正，其他精粗不等，繁省或殊，且散無統紀，不便學者。

夫以包羅古代文化遺産如此豐富之寶庫，終鮮有從事發掘，任其閉藏，寧非憾事。今郭沫若先生注意及此，成《集校》一書，達一百七十萬言，繁徵博引，體大思精，蓋自有《管子》以來未有之鉅著，後之學者，不煩他求，據此材料，

---

①《漢書·藝文志》『儒家』：『《内業》十五篇』注：『不知作書者。』王應麟《考證》云：『案《管子》有《内業篇》，此書恐亦其類。』馬國翰云：『考《管子》第四十九篇標題「内業」，皆發明大道之藴，旨與他篇不相類，蓋古有成書而管子述之。』

②見劉恕《通鑑外紀》引。

鑽研不替，由以發揚祖國學術文化之光芒，其功豈不偉歟！

愚讀其首列《叙録》及《所據〈管子〉宋、明版本目録》《引用校釋書目提要》《校畢書後》諸篇，益服其用心之細，爲力之勤，鉤玄提要，綱舉目張，爲不可及。其大要如下：

（一）所舉版本：自宋至明，計十有八種（並安正書堂本在内），其本皆爲世所不经見者，如王念孫、孫星衍等未見宋楊忱本，戴望並不見中都本，而明十行二十一字本中土更未有據以校勘者。今爲一一著其行款，詳其源流，定以楊忱本、趙用賢本及其他明刻爲一系統；劉績《補注》本、十行二十一字本、安正書堂本、中都本爲又一系統。此必備具衆本，統校全書，然後能得此結論，自非前人所能及。

（二）引用校釋書：自宋至今，計四十二種，中有外國著作而中土未見者，如日本豬飼彦博管子補正；有前賢遺稿而從未刊行者，如王紹蘭《管子説》、周悦讓《管子通》、何如璋《管子析疑》、陶鴻慶《管子札記》、顔昌嶢《管子校釋》。又每種皆具簡明提要，其書内容優劣，一覽可知。此又非精鑒詳校，其評騭不能如此確當也。

（三）參校他書：如北京圖書館所藏敦煌殘卷『羽字四〇號』《爲政箴言》二則，斷其實爲《管子》殘文，據校《法禁篇》《兵法篇》。鳴沙石室佚書敦煌殘卷北齊《修文殿御覽》，據校《管子·霸形篇》。青島勞山華嚴寺藏明鈔《册府元龜》，所引《管子》與宋明刻本時有不同，審出唐人寫本，雖殘帙，彌足珍貴，據校時有創獲。此則更非前人所能及見，然非先生之博聞廣覽，亦未易得之也。

（四）著書態度：原書係據許維遹、聞一多兩先生舊稿，但舊稿僅屬草創，離成書階段甚遠。先生爲補苴罅漏，字數較舊稿增加至數倍，實經先生一手重編，始得完成，而爲不没許、聞草創之功，撰者姓名，仍三人並列。此其一。校閲與助手之姓名，已一一具列，甚至曾介紹一稿本，提示一善本，亦必津津樂道，以志欣幸。此其二。於《校畢書後》中，虚懷若谷，自對此書深致不滿。此其三。凡此皆示人以科學研究應有之態度，我人所當虚心學習者也。

先生之成此巨業，固由物質條件之優越，兼之精力之勤懇，遠非常人所能企及。然以愚一隙之明，對於《叙録》中《管子》宋刻『楊忱本』之版本問題、《管子補注》著者劉績之時代問題，所見不同，不嫌辭費，藉求是正。

《管子》宋刻『楊忱本』之版本問題

舊藏常熟瞿氏鐵琴銅劍樓，今在北京圖書館之宋刻本《管子》，前人稱爲『楊忱本』者，其刊刻時代，説者各異，迄無定論。郭先生在叙録中對此本重爲考證，根據楊忱序末紀年並其内容以作決定，誠爲發前人所未發。其説云：

楊忱本載有張嵲讀管子，文中有『紹興己未』，即宋高宗紹興九年（公元一一三九年），而楊忱序題記『大宋甲申』。考紹興己未之後，宋孝宗隆興二年（公元一一六四年）爲甲申，宋寧宗嘉定十七年（公元一二二四年）爲甲申，再次一甲申則爲元世祖二十一年，南宋之亡已五年矣。此只題『大宋』而不題年號，當爲元世祖二十一年之『甲申』無疑。序中特重尊王攘夷之義，正寓有亡國之痛。書蓋開刻於宋亡之前，而序則草成於宋亡之後，仍目爲『宋本』，固無不可。

郭先生據張嵲《讀管子》之紹興己未下推楊枕序之甲申。又以楊序之不記年號而只題大宋甲申，更進而據序中特重尊王攘夷之義，決定此一『甲申』爲元世祖二十一年（公元一二八四年），作者寓有亡國之痛。然愚意頗有不同。今先將前人之説具列於下，以與郭先生之説相參比，然後附以愚見。

一、黄丕烈題跋云：『案大宋甲申，不言何朝，覈其版刻，當在南宋初，以卷末附有張嵲巨山《讀管子》一篇也。』

二、瞿鏞《鐵琴銅劍樓書目》卷十四云：『卷末後有張嵲巨山《讀管子》，不詳歲月，文中有「紹興己未，從人借得，改正訛謬，抄藏於家」云云。楊序作於大宋甲申九月。按己未爲紹興九年，甲申爲隆興二年，孝宗初立時也。大約刻即在其時。』

三、莫友芝《郘亭知見善本書目》卷七云：『黄丕烈宋本《管子》……刊印甚精。前有楊忱序，署「大宋甲申」。後有張嵲巨山《讀管子》一篇，云「紹興己未，借本抄藏於家」。此刻又在其後，不能定年，是南宋佳本。』

四、邵懿辰《四庫簡明目録標注》卷十《附録》，王頌蔚云：『按瞿氏宋楊忱本，即士禮居所藏紹興本也。有黄蕘圃跋。余友張廣文瑛景刊。』

前人對於楊忱序宋刻本《管子》之考釋，以愚所見，得此四家。如黄丕烈謂『覈其版刻，當在南宋初』。黄氏嘗竪名家，所見宋刻最多，其説當有依據。然以卷末附張巨山《讀管了》一篇爲説，則紹興己未爲高宗九年，其前一甲申爲北宋徽宗崇寧三年，後一甲申爲孝宗隆興二年，均不得謂之南宋初也，黄氏之説，頗覺含糊。瞿鏞知黄説之不可通，乃謂『甲申爲隆興二年，孝宗初立時也，大約刻即在其時』。莫友芝亦謂『刻當在紹興己未之後，不能定年，是南宋佳本』。瞿莫二氏均作疑辭，蓋其慎也。至王頌蔚始肯定『宋楊忱本即士禮居所藏紹興本』。然不言有何根據，大約由黄丕烈『當在南宋初』一言而來。或由士禮居又藏紹興壬申蔡潛道墨寶堂刻本而誤爲即一本。不然，黄氏題跋、瞿氏書目均無紹興本之説，王氏必須提出有力證據，其説始能成立也。總之，諸家所考，一致以張嵲《讀管子》中之『紹興己未』一語爲唯一之根據，依之下推，而不知其皆誤也！（所以不上推者，則以此本顯然非北宋刻本也）

今郭先生之説，亦不能外於以上諸家之以張嵲《讀管子》『紹興己未』一語爲據，不過更推而下之爲元世祖之二十一年，又以陶淵明『義熙甲子』之義，施之版本，而謂楊序『特重尊王攘夷之義，正寓其亡國之痛』。

愚始讀楊忱序，見其論《春秋》之義甚詳，而無一語及刻書事，頗疑黄丕烈等皆據此以定爲刻書之年，殊不可解。況宋刻《管子》，大都皆附刻楊忱序及張嵲《讀管子》二文，不僅見於此，例如紹興壬申蔡潛道墨寶堂本有此二文，（余未見宋刻原本，見陳奂據校趙用賢本，即影抄此二文補於首）而不聞有目蔡本爲甲申刻者。許光清據校之景宋每葉二十行，行二十一字本①，首亦有楊忱序（見蔣光煦《斠補隅録》），而未必其亦爲甲申所刻。其證一也。黄震《黄氏日鈔》卷五十五：『楊忱序《管子》』，論高文奇，雖有作者，不可復加一辭矣。張巨山謂其《心術》《内業》等篇爲管氏功業所本。意巨山好道家學，故云爾。』黄震爲南宋人，其所讀《管子》，亦有楊、張二文。其證二也。由此觀之，所謂『甲申』者，若必拘泥於張嵲文中之『紹興己未』一語，則終屬模糊影響，不能得其真！若以楊忱序之甲申爲元世祖之二十一年，則何以處明著刻於紹興壬申之墨寶堂本及許氏所見之景宋本皆列楊忱序耶？黄震南宋人，安得預見楊忱序耶？

愚謂最重要者，首當知作序之楊忱爲何人？則甲申之年屬於何朝？即迎刃而解，無煩多所疑惑矣！何前人都不注意及

① 許光清，清海寧人，道光庚戌郡庠歲貢，見管庭芬原著，蔣學堅續輯《海昌藝文志》卷十六。所著書十種，第三種名『管子校補』，今刊入蔣光煦《斠補隅録》。書名下注『花齋本，以影宋本校補，元本參……』郭先生謂『明許光清曾據影鈔本刊行，增入劉績《補注》』者誤。

此耶？①

考《宋史》卷三百，《列傳》第五十九云：『楊偕，字次公，坊州中部人……子忱、慥，皆有雋才，蚤卒。』據此，則楊忱得其人矣。

又考歐陽修《歐陽文忠公文集》卷二十九，《翰林侍讀學士右諫議大夫楊公墓志銘》云：『慶曆八年春，翰林侍讀學士右諫議大夫楊公年六十有九，告老……其明年九月十三日，公疾革，出其《兵論》一篇示其子忱、慥而授以言曰……忱、慥以其語并其《兵論》以聞……公卒之明年秋，其子忱以其喪歸於河南……』據此，則楊忱得其年矣。

又考司馬光《涑水記聞》卷九云：『大理寺丞楊忱監蘄州酒稅，仍令御史臺即日押出城。忱故翰林侍讀學士偕之子，少與弟慥俱有俊聲。忱治《春秋》。慥治《易》。棄先儒舊説，務爲高奇以欺駭流俗。其父甚奇之。與人言曰：「天使忱、慥，力扶周、孔。」忱爲文尤怪僻，人少有能讀其句者。忱嘗言：「《春秋》無褒貶。」與人談，流蕩無涯岸，要取不可勝而已。性輕易，好傲忽人，好色嗜利，不修操檢。謫貶江淮間，以口舌動摇監司及州縣，得其權力，以侵刻細民。江淮間甚苦之。至是，除通判河南府事，待闕京師。弟慥掌永興安撫司機宜，卒於長安，忱不往視，日遊處於娼家。會有告其販紗漏税者。忱自言與權三司使蔡襄有隙，乞下御史臺推鞫。朝廷許之。獄成，以贖論，仍衝替。忱尚留京師。中丞王疇劾奏忱曰：「談道義而身爲沽販，氣凌公卿。」』據此，則楊忱之仕履、學問、行事皆可詳矣。

案楊忱於皇祐元年（慶曆八年之明年）喪父，其下御史臺推鞫，在蔡襄權三司使時。商輅《通鑑綱目續編》卷六云：

---

① 曹元忠《箋經室遺集》卷十一《宋槧房玄齡注〈管子〉跋》云：『楊忱無考。』

『宋英宗治平二年春二月罷三司使蔡襄。』則推鞫必在治平二年之前，距皇祐元年約十七八年。《宋史》謂忱蚤卒，姑以四十歲爲斷，則此所謂『大宋甲申』必屬於北宋慶曆四年無疑！蓋其時楊忱年僅二十餘，已能作此文，故《宋史》謂之有雋才，司馬光謂之有俊聲也。序文中所以特重尊王攘夷之義者，管仲之佐齊桓霸諸侯，本爲尊王攘夷，況楊忱之素業爲治《春秋》，於此文暢言其義，正以發揮其所學，假使果有亡國之痛，亦當對遼而非對元。司馬光謂『忱爲文尤怪僻，人少有能讀其句者』，亦即黄震所謂『論高文奇』。試讀其序，誠如二氏所言。今就序中述《春秋》義及文之怪奇二者而言，與司馬光、黄震所舉之楊忱無不密合，故此序定爲北宋慶曆四年甲申中部楊忱所作！似可無疑！

至刻書而寓亡國之痛者，雖有此例，但非所言於此書耳。舊題金泰和本之《經史證類政和本草》，有平陽張存惠題記云：『泰和甲子下己酉冬。』錢大昕《十駕齋養新録》卷十四：『(己酉)寶元定宗后稱制之年，距金亡已十有六載矣，而存惠猶以泰和甲子下統之，隱寓不忘故國之思，或以爲金泰和刻則誤矣。』苟以此例爲比，則此書序亦當題『大宋□□甲子下甲申秋』讀者始能瞭解，今不然者，則此『甲申』之屬於『宋』而非『元』亦明矣。然則序末何故只題大宋甲申而無年號邪？案此係刻工之誤，在宋刻書中數見不鮮，後來重刻，亦都沿誤耳。例如盧文弨跋宋刻《白虎建德論》，開卷即誤『通德』爲『建德』。錢大昕《竹汀日記鈔》：『宋蔡夢弼刻《史記》，目録後題識稱「乾道七月春王正上日書」。七月「月」字爲「年」字之誤。』皆是顯然者。而尤足與此爲比者，陸心源《皕宋樓藏書志》卷七十六，宋刻任淵注《山谷黄先生大全詩注》二十卷，前序稱『紹興鄱陽許尹叙』，彼本『紹興』下誤脱年月，此本年月上誤脱年號，事同一例。蓋此刻在宋版書中雖爲較善而仍多脱誤，以書中俗字之多，及《重令篇》中脱去一頁，計正文四百四十五字，注文二百六十二字可知。故有此誤脱年號，不足爲奇，乃啓後人紛紛之議矣。又案顧炎武《菰中隨筆》云：『凡題刻：唐人必書某號幾年；

宋以下多書甲子；亦有不書年號者。』知宋時自有只書甲子，不書年號之例，題刻有之，書籍亦當有之。蓋因讀者已知作序之人，自能知其作於何朝之甲子。後人對作序者既不知其何人，所以對所書甲子，不能不出之臆測矣。

以上已證明『大宋甲申』楊忱序之時代與刻書無關，次當考其果爲何時所刻矣。愚以爲昔人根據避諱字，不如根據書中刻工姓名更爲可信。

今先將首二卷避諱字觀之。『敬』作『茍』，避翼祖諱，而『竟』『鏡』則不避。『殷』作『股』，避宣祖諱。『匡』作『匡』，避太祖諱。而仁宗之『徵』『懲』，濮安懿王之『讓』，神宗之『曙』『樹』，欽宗之『桓』『完』『筦』，高宗之『溝』『穀』，孝宗之『慎』，則皆不避，自不能遽斷以爲仁宗時刻本也。蓋宋刻避諱自有不謹嚴者。

再將書中刻工姓名查列於下。

楊謹、金昇、李恂、張通、乙成、昌旼、牛實、沈端、王彬、王凌、王先文、嚴志、林轉、楊記、史祥、王瑜、王陵、乙戊共十八人。

單字者：李、懋、垧、王、志、楊、昌、蔡、毛、徐、于、蔣、彬、屠、吴、史、牛、朱、金、宋、章、鄭、未、吴共二十四字。

再檢傳世宋刻本之刻工姓名與此有同者，便可據其所刻之年，以定此書，必不至距離太遠。

潘宗周《寶禮堂宋本書録》：

宋刻《禮記》殘本刻工姓名與此同者有『牛實』一人。

宋刻《禮記正義》刻工姓名與此同者有『金昇』一人。

宋刻《史記集解》刻工姓名與此同者有『李恂』『楊謹』『王先文』三人。

宋刻《臨川先生文集》刻工姓名與此同者有『牛實』『史祥』『昌旼』『乙成』『金昇』五人。

張元濟《涵芬樓燼餘書録》：

宋紹興本《後漢書》刻工姓名與此同者有『李恂』一人。

宋刻《三國志·魏書》刻工姓名與此同者有『乙成』『牛實』『嚴志』『張通』『楊謹』『李恂』『王彬』『昌旼』『沈端』九人。

宋刻《通鑑目録》刻工姓名與此同者有『牛實』一人。

據以上各書，可知與管子皆同時所刻。其有時、地可考者：《禮記正義》刻於紹熙二年辛亥（公元一一九一年），末有『朝請郎提舉兩浙東路常平茶鹽公事黄唐』等銜名，並壬子（公元一一九二年）秋八月題識。《史記集解·建元以來王子侯者表》《曆書》《李斯列傳》等各卷末頁均有『左迪功郎充無爲軍軍學教授潘旦校對；右直功郎充淮南路轉運司幹辦公事石蒙正監雕』二行。《臨川先生文集》卷末有『紹興廿一年辛未（公元一一五一年）孟秋旦日右朝散大夫提舉兩浙西路常平茶鹽公事王珏題記』，歷叙校刊本末。紹興本《後漢書》，張元濟先生謂：『卷中避宋帝諱較他書爲嚴……刊版於南渡初年。』《三國志·魏書》，張元濟先生謂：『與日本靜嘉堂文庫《吳書》行款相同，《吳書》卷末有「右修職郎衢州録事參軍蔡宙校正兼鏤版」；右迪功郎衢州州學教授陸俊民校正」二行。』《通鑑目録》，張元濟先生謂：『宋諱不及「慎」字，當是南宋初年刊本。』考其時：最早爲《臨川先生文集》之紹興辛未（公元一一五一年），最後爲《禮記正義》之紹熙壬子（公元一一九一年），雖相去四十年之久，但紹熙時祇有『金昪』一人，或其人獨老壽，而他宋刻皆在南宋初也。黄丕烈定此《管子》版刻爲南宋初，最爲可信。考其地：《臨川先生文集》爲兩浙西路刊本。《禮記正義》爲兩浙東路刊本。《三國志·魏（吳）書》爲衢州刊本，衢州屬兩浙東路。《史記集解》爲淮南路刊本。兩浙路與淮南路地屬比連，刻工之兼刻兩路書籍，事本可能。若以『三人占，從二人』例之，則可定此《管子》爲浙刻本。今時則依《臨川先生文集》，因刻工姓名同者佔五人之多；地則依《三國志·魏（吳）書》，因刻工姓名同者佔九人之多，而正其名曰『宋紹興浙刻本』。然後可糾從來稱爲『楊忱本』之誤！且可補王國維《兩浙古刊本考》之不及。

然則此本與紹興壬申（公元一一五二年）蔡潛道墨寶堂本果孰爲先後乎？此則當一究其内容，苟其内容非出於一源，則不妨其爲同時或相差一二年也。愚前謂時依《臨川先生文集》，《臨川先生文集》刻於紹興辛未（公元一一五一年），墨寶堂本刻於紹興壬申（公元一一五二年），相去僅一年。然亦不限於此刻之必同於《臨川先生文集》，其或先後一二年，均屬可能。

紹興浙刻本（楊忱本）之勝於紹興墨寶堂本，其文證甚繁，詳拙著《校釋》，故歷爲藏書家所推重。即就版式而言，當淵源於唐人寫本。曹元忠《箋經室遺集》卷十一跋是本云：『先列劉向《叙録》，後接《管子卷第一》，題「唐司空房玄齡注」，再列第一卷篇目，以次而入本文，當是唐卷子本舊式。宋時祇加卷首楊忱撰《管子》序及總目與卷末張嵲巨山《讀管子》耳。』其説是也。更考之書中『地』作『埊』，『臣』作『𢘑』①，皆武后所造字，而他俗字又往往合於《干禄字書》及唐人所書碑刻，則其淵源自古，雖有脱誤，在傳世《管子》版本，自當推爲第一矣！

《管子補注》著者劉績之時代問題

關於著《管子補注》之蘆泉劉績時代問題，明人如朱東光、郭子章、趙用賢皆以爲唐人；清人自黄虞稷《千頃堂書目》、《四庫全書總目提要》以來皆以爲明弘治時江夏人②，二者不同。今郭先生又以爲二者皆非，考定爲遼聖宗開泰時人。引據甚博，立説甚辨，亦爲《叙録》中最重要部分，其所持理由，約有下列數端：

（甲）否定爲明弘治時之劉績者

（一）『明刻《管子》，如朱東光《中都四子》本，注者姓名「蘆泉劉績」與「臨菑房玄齡」並列，以爲唐人。卷首《管子題詞》云：「唐房氏有注，劉績爲之補，自宋人削去，鮮有刻本。」趙用賢《管韓合刻》，其《管子凡例》亦云：「《管

① 《七臣七主篇》『誅賢忠』，丁士涵曰：『忠疑臣字誤，唐武后臣作𢘑。』
② 《四庫全書總目提要》卷一百一十《管子補注》提要：『坊刻或題曰「宋劉績」。』此所指坊刻，不知是明刻或清刻，待考。據知又有目劉績爲宋人者。

子》注出房玄齡，或云出唐國子博士尹知章。蘆泉劉績間爲補定，第宋本俱不載。」視此可知朱、趙均以劉爲宋以前人。』『朱東光《中都四子》本刊行於明神宗萬曆七年己卯（公元一五七九年），上距明孝宗最末一年弘治十八年（公元一五〇五年），相隔僅七十四年。趙用賢《管韓合刻》本刊行於萬曆十年壬午（公元一五八二年），相隔亦僅七十七年。劉績爲弘治進士，不必即死於弘治年間，劉、朱、趙可能並世。年代如此接近，朱、趙何至如彼無知，竟誤以本朝弘治進士爲宋以前人，乃至唐人邪？』

（二）『又其一（劉績）爲明弘治三年進士，爲江夏人。其所著《春秋左傳類解》刊於嘉靖年間，書中言明作於弘治年代，然亦標署「蘆泉劉績」。清代學者多認爲著《管子補注》之劉績即此弘治年間之劉績，與明人所見不同。』今所見明刻劉績《補注》本及朱東光《中都四子》本均標署「蘆泉劉績」，趙用賢亦云然，與弘治年間著《春秋左傳類解》者之標署「蘆泉劉績」者全同。蘆泉當是地名，無可考。（《四庫提要》以『蘆泉』爲弘治劉績之號，蓋以臆斷）弘治劉績爲江夏人，則《春秋左傳類解》亦署爲「蘆泉劉績」者，蓋出於坊間書賈之誤，誤以遼人劉績籍貫爲弘治劉績籍貫也。』

（三）『日本寬政年間（當前清嘉慶年代）學者豬飼彦博著《管子補正》亦認劉績爲明人。其説云：「檢唐宋書目不見劉績增注，近得劉绩補注《淮南子》，其中有山東青州府、顺天府昌平縣等地名，乃知劉績是明人。」此劉绩補注之《淮南子》余所未見，但劉績既有數人，大都能著書立説，則此補注《淮南子》者與補注《管子》者不必即是一人。』

（四）『劉績《補注》，北京圖書館藏有一部，乃海源閣舊藏，經清代陸貽典據楊忱本反覆勘校，又經黄丕烈據蔡潛道本覆校……惟惜書前無序録，不知其刊刻年代。前人或以爲「宋本」（書中多有『宋本』二字小形橢圓印章），或以爲「元板」（見《持靜齋書目》），或以爲「明成化刊本」（見丁丙《善本書室藏書志》及〔陸心源〕《皕宋樓藏書志》）。』

（五）『又考朱熹《儀禮經傳通解》所收《弟子職》一篇，自言「此管子之全篇，今分章句，參以衆説，補以注文」，其所補注文，即往往雜引尹注、劉注而混合之。莊述祖《弟子職集解序》有見及此，言「朱子所採舊注，間有與世所傳劉績《補注》同者，不能剔出」。如補注《管子》之劉績果爲明弘治間人，則南宋之朱熹何由採及其《補注》？由此可見，劉績之注如非勦襲前人，則此一劉績必非弘治間之彼一劉績，參以朱、趙之説，宜以後解爲近是。』

（六）『余曾得一無注古本，半葉十行，行二十一字……舉與安井衡《管子纂詁》所據日本昌平學所藏無注「古本」相校，内容不異……。莫友芝《宋元舊本經眼録》有《管子》無注本，半葉十行，行二十一字，似元明間刻」，當即此本之見諸著録者』。『上海市歷史文獻圖書館藏安正書堂《管子》，乃此本之翻刻，其第二十四卷末葉有「太歲癸巳孟春安正書堂重刊」十二字木牌墨記。據以相校，僅字畫較細爲異。』『安正書堂既以無墨記（無注古本）本爲底本而「重刊」，則此底本在當時必已視爲難得之古本，莫友芝以爲「似元明間刻」不爲無據。經仔細校對，發現此本與朱東光本同出於劉本。三本奪誤既幾於全同，如上舉（《心術下篇》）「節怒莫若樂」句，在此本則「節」字奪去。蓋因削去注文，故此誤竄入注文中之「節」字亦被削去也……以此無注本之古樸，亦足證黄棉紙劉績本或其底本不當出於弘治或其後。』

（乙）肯定爲遼開泰時之吏部尚書劉績者。

（一）『考劉績此名，於史可考者共有四人。一在劉宋時，自不在此限。一爲遼人，遼聖宗開泰元年（宋真宗大中祥符五年，公元一〇一二年）曾官吏部尚書。（見《遼史·百官志》）一爲元明間人……又其一爲明弘治三年進士，爲江夏人……』『余謂補注《管子》者當即遼人劉績。』

（二）『《地員篇》「赤壤嶅山十七施」。劉績補注云：「績按，嶅（原誤作施）吾高切，《廣韻》：俊健也。」考《廣韻》乃宋代依《切韻》《集韻》《唐韻》等所纂修，刊行於宋景德四年，大中祥符元年定名爲《大宋重修廣韻》。劉既引及《廣韻》，則説劉爲遼聖宗時人似有問題。然查《廣韻》，並無「嶅，吾高切，俊健也」之文。遼人《龍龕手鑑》卷三力部「嶅音毫，俊健也」。音義與此同。《龍龕手鑑》成書於遼統和十五年，宋太宗至道三年（九九七年），在《廣韻》成書定名之前。劉績補注之《廣韻》，當爲《唐韻》之誤。《龍龕手鑑》亦根據《唐韻》立説者也。』

（三）『劉績《補注》，北京圖書館藏有一部……書用黃棉紙印，刻印頗粗率，多用簡筆字，顯係幾經翻刻，字頗走樣，北京圖書館別藏明抄本劉績《管子補注》一部，即據黃棉紙本抄録，原刻錯字間加改正，而書前亦無序録。據余推測，此黃棉紙本斷非劉氏原刻，蓋如爲劉氏原刻，則劉氏著書不致毫無序記。書中有遼諱、金諱、宋諱，蓋因遼人著書入金翻刻，金本入宋再被翻刻，金人或宋人翻刻時出於敵愾而剔去其序記耳。其遼諱、金諱之幸存者，當是回改未盡。』

（四）末附任林圃輯劉績《管子補注》本所見遼、金、宋諱考。屬於遼諱者，賢作賢、吴、吴、賢、賢。隆作隆、隆、降。緒作緒。屬於金諱者，禀作禀。宗作宗、祭。堯作尭，從堯者同。允作兊。宋諱不列。

以上各條，依郭先生原文移并類聚之，以便商榷，讀者可取原文對閲。

以愚管見，作管子補注之劉績，决非遼人！且爲明弘治時之江夏劉績，絶無可疑！與郭先生之説正相反。請一一詳釋之。

（甲）否定爲明弘治時之江夏劉績者

（一）以補注《管子》之劉績爲唐人者，始於明朱東光所刻《中都四子集》（又稱《中立四子》）中之《管子》，及郭子章之題詞。故必須首先研究《中都四子集》之版本價值，再推究其立説之根由，然後可定其是非！『中都四子』者：爲《老子》《莊子》《管子》《淮南子》四種。其書刻於萬曆己卯（公元一五七九年），末有鳳陽府通判蜀瀘李太和跋，其略云：『中都刺長張君攀龍（登雲）求得高注本（《淮南子》）於郭工部相奎（子章）；得房注本（《管子》）於王博士鳳翎，遂彙爲《中都四子集》。值兵憲朱公（東光）以文武才輝，備兵潁上。譚劍之暇，即繙郡書以説，而尤注心四子。張君進是集，遂手爲裁訂，以授之梓。余承乏郡佐，略加參考，而與徽吴生子玉校證，遂刻之郡齋。……』據此，則得此書者爲鳳陽府知府張登雲；授之梓者爲分巡淮徐道朱東光；爲之題詞者爲奉使鳳陽之郭子章，皆一時官僚。其校證之力，實出於徽之吴子玉。故卷首題明臨川朱東光輯訂、寧陽張登雲參補、休寧吴子玉繙校三行，而冠以郭子章之題詞。其書蓋確爲明末所謂『書帕本』也。故《四庫全書總目提要》卷一百三十四，子部雜家類存目收此書，而云『其書刊版頗拙，校讎亦略，又於古注之後，時時妄有附益，殆類續貂，遂全失古本之面目，「書帕本」之最下者也』。對此本之批評，可謂嚴矣。所謂『書帕本』者，顧炎武《日知録》卷十八：『……至於歷官任滿，必刻一書，以充餽遺，此亦甚雅，而鹵莽就工，殊不堪讀……今學既無田，不復刻書，而有司間或刻之，然祇以供餽贐之用，其不工反出坊本下，工者不數見也。』原注：『昔時入覲之官，其餽遺一書一帕而已，謂之書帕。自萬曆以後，改用白金。』葉德輝《書林清話》卷七：『明時官出俸錢刻書，本緣宋漕司郡齋好事之習，然校勘不善，訛謬兹多，至今藏書家均視當時「書帕本」比之經廠坊肆，名低價賤，殆有過之。然則昔人所謂刻一書而書亡者，明人固不得辭其咎矣。』對『書帕本』之内容説明，可謂詳矣。所以《中都四子集》

本之《管子》，就其版本而論，固不得謂之善本，因而多致訛謬，自不能免。

今推其致誤之由，中都本所據之底本，爲劉績《補注》本，其書款式，必不外如下二式：

（A）唐　臨菑　房玄齡　注釋
　　蘆泉　劉　績　注釋

（B）唐　臨菑　房玄齡　注釋
　　蘆泉　劉　績　增注

所以蘆泉劉績上不加『明』字者，蓋著者既是明人，刻本又係明刻，自無須再加一『明』字，爲刻書之通例；且『蘆泉』既非地名而爲劉績之號，有別於房氏上之冠以『臨菑』地名；又『蘆泉劉績』四字連用，不僅見於《管子》，又見於《淮南子補注》①《春秋左傳類解》②二書，讀者自易瞭然，必不至誤以劉績爲唐人。而中都本之刻者據以覆刻時，因須加列朱東光等三人之籍貫姓名，遂改爲下列之式。

唐　臨菑　房玄齡　注釋
蘆泉　劉　績　增注

①②　案均見下引。

明　臨川　朱東光　輯訂

寧陽　張登雲　參補

休寧　吴子玉　繙校

於是因朱東光以下三人籍貫姓名上加一『明』字以領之，而遂如劉績姓名上亦屬於『唐』字所領矣。郭子章不察，在題詞中遂云『唐房氏有注，劉績爲之補，自宋人削去，鮮有刻本』矣。從此讀者遂混淆不清，其證一也。①②中都本不但《管子》所據者爲劉績《補注》本，即《淮南子》所據亦爲劉績《補注》本，何以知之?《淮南子》自《漢書·藝文志》以來著録皆爲二十一卷本，惟正統《道藏》本爲二十八卷，劉績補注本卷數同於《道藏》本，今中都本亦爲二十八卷，此其一。中都本《原道訓》以劉績補注誤爲高誘注，此其二。見日本島田翰《古文舊書考》第四《淮南鴻烈解》篇。且《淮南子》劉績《補注》本卷末有『弘治辛酉蘆泉劉績』識語，若中都本照本重刻，則《管子補注》之『蘆泉劉績』爲明弘治時人，本自明白無疑。奈中都本付刻時衹取劉績本正文及許、高二家注，而删去劉績補注及其識語，其分卷則仍用劉本，遂使劉績之時代失去依據，其證二也。總之，由於節省刻資，因陋就簡，此正是『書帕本』之本色，《提要》之言，未爲苛論。

---

① 余有明末九行二十字本《管子》，無刻書年月，爲歸安楊峴舊藏。卷一第二行題：『唐司空房玄齡注，劉績朱長春參補。』如以劉績承上唐字而謂爲唐人，則並朱長春而亦爲唐人矣，有是理乎。因知明人亦有知劉績爲本朝人者，不盡如朱、郭、趙之憒憒也。

② 《中都四子》本於『蘆泉劉績』上猶未明冠『唐』字，但讀者誤爲承上『唐』字耳。至朱養和花齋本而遂以『唐』字跨行兼冠於房玄齡、劉績之上，繆矣。

然則趙用賢爲有名之藏書家，所刻《管子》，槧印精良，向稱善本，何以其凡例中亦以劉績爲唐人邪？案趙本刻於萬曆十年壬午（公元一五八二年），中都本刻於萬曆七年己卯（公元一五七九年），相去僅三年。當時中都本通行，故趙氏亦沿其誤。且趙氏刻書雖精，其言亦有不可信者。如序云：『余行求古善本庶幾遇之者幾二十年，始得之友人秦汝立氏，其大章僅完整而字句復多紕錯，乃爲正其脱誤者三萬言，而闕其疑不可考者尚十之二。』日本安井衡所著《管子纂詁》凡例云：『明趙用賢校《管子》，自云所改三萬餘言，正其脱誤，然參考其説，殊少所發明，安知其無誤改哉？』已疑其言。今以宋紹興浙刻本（楊忱本）、紹興墨寶堂本校之，趙本所校正者遠不逮三萬言，知此僅爲誇大之言，並不足據。則其沿中都本之誤，亦並不足怪。

郭子章、趙用賢所言劉績爲唐人既不可信，則所謂『自宋人削去，鮮有刻本』『第宋本俱不載』之語亦不可信。但郭、趙對劉績之時代雖誤，其誤在肯定劉爲唐代人，並無『宋以前人』之説。如原文云：『可知朱、趙均以劉爲「宋以前人」。』『竟誤以本朝弘治進士爲「宋以前人」乃至唐人邪。』加此四字，便似欲爲劉績是遼人預留地步。

原文又指出朱、趙距劉多則七十七年，少則七十四年，而竟不知此本朝弘治進士。此事誠可詫怪，然正可見明人之陋，而顧炎武、葉德輝之言，亦未爲苛論也。

（二）原文據署名『蘆泉劉績』之《春秋左傳類解》以駁清代學者多認爲即《管子補注》之著者之誤，並斷定『蘆泉劉績』爲遼人，與明之『江夏劉績』爲兩人。其理由有三：一，與明人所見不同。二，『蘆泉』當爲地名，無可考。三，《春秋左傳類解》出於書賈誤以遼人『蘆泉劉績』爲弘治劉績。今案，第一理由，明人所見本誤，説已見前。第二理由，必以中都本『蘆泉』與前之『臨菑』，後之『臨川』『寧陽』『休寧』並列，故亦當爲地名而非劉績之號，遂斥提要爲臆斷。

而又以其地名爲無考。夫既屬無考，則其證不堅。《提要》之説，根據黄虞稷《千頃堂書目》[1]，不可謂臆斷。查《嘉慶一統志》六十五册：『蘆泉山，在泰安府東平州東北廿里』；又九十四册：『蘆泉水，在平凉縣東北。』然不能即以此一山一水爲其籍貫，且其地並不屬於遼之疆域。相反却有二證可決蘆泉之爲劉績之號而非地名。明黄焯刻本《淮南子補注》每卷署『江夏劉績補注』六字，而卷末又有弘治辛酉『蘆泉劉績』識語，一也。明過庭訓《本朝分省人物考》卷六十七，於江夏劉績列其著作有《蘆泉詩文集》，二也。則『蘆泉劉績』之即『江夏劉績』，『蘆泉』爲號，『江夏』爲籍貫，確鑿無疑矣。第三理由，清代學者關於劉績材料，罕及《春秋左傳類解》者，《四庫提要》亦不收。郭先生所見者爲嘉靖刻本，謂『書中言明作於弘治時代』。愚雖未見是書，然其書不但作於弘治時代，並亦刻於弘治時代。何以知之？《天一閣書目內編》：『《春秋左傳類解》二十卷，明劉績撰，明弘治十年淮陰公舍刻本。』弘治十年爲丁巳（公元一四九七年），與《淮南子補注》之刻於弘治十四年辛酉，相去僅四年，據劉績《喪服傳解》自序其时正官吏部員外[2]，則《春秋左傳類解》之刻，劉績不容不親見之，或竟出於自刻，則作者籍貫決不能誤用遼人。據原文謂嘉靖本係坊賈所刻，則坊賈既爲翻刻弘治本，決不能變換其著者籍貫。朱彝尊《經義考》卷二百亦著録是書，引曹溶曰：『劉氏《左傳類解》，莆田洪珠爲之序，晉藩刻之於寶賢堂。』[3]按晉藩所刻《文選》《唐文粹》《宋文鑑》《元文類》，均在嘉靖時，世稱善本，其所刻亦決不至變換著者籍貫。況遼人吏部尚書之劉績，即歷史學家未必能知之，而謂書賈反能知之以易離時不遠之弘治進士邪？

① 《四庫全書總目提要》卷二十二《三禮圖》四卷《提要》：『績字用熙，號蘆泉。』乃據《千頃堂書目》卷二，劉績《春秋左傳類解》二十卷，『號蘆泉，江夏人』而云。

② 見朱彝尊《經義考》卷一百三十七。

③ 《浙江圖書館特藏書目甲編》『春秋』類：『《春秋左傳類解》二十卷，明劉績編注，明嘉靖戊子晉府寶賢堂刻本。』

（三）日本豬飼彦博根據劉績《淮南子補注》所舉地名以證實其爲明人，其言至確。然愚意豬飼彦博所見之《淮南子補注》恐是不全本，或已失去後跋。何則？今所傳劉績《淮南子補注》有二本：一爲王溥校刻本，半頁九行，行十七字，注雙行，置圈以別補注；一爲黄焯校刻本，半頁十行，行十八字，注雙行，置圈以別補注。卷末皆有弘治辛酉『蘆泉劉績』識語，見島田翰《古文舊書考》第四。豬飼彦博苟見是跋，不必再從注中尋出明代地名爲證矣。又兩本皆置圈以別《補注》，正與《管子補注》同，亦可爲兩書一人所著之證。原文既云『未見劉績補注之《淮南子》』，然則何得遽斷爲『與補注《管子》者不必即是一人』邪？據愚所知，《淮南子補注》王溥本，丁丙《善本書室藏書志》、葉德輝《郎園讀書志》均著録，前北京人文研究所，今上海市歷史文獻圖書館亦均有之。黄焯本十餘年前曾於冒廣生先生案頭見之，兩本皆不難蹤跡也。

（四）劉績已確定爲明弘治時人，則所著書之刻行，不致離弘治過遠，今傳世《管子補注》皆無序跋（《中都四子》本除外），不能知刻書年月。郭先生據北京圖書館藏本指出昔人有謂其書爲宋元刻者，意謂作者決非明人，是亦有力之證，然而有誤。原文據是書爲陸貽典、黄丕烈校本，因書中有『宋本』二字小形橢圓印章，謂『前人或以爲宋本』。案前人校書，有據宋本以校明本者矣，未聞據宋本以校宋本者也。此其一。陸貽典爲毛氏汲古閣校書最多，今汲古閣藏書有用『宋本』二字小形橢圓印章加於影宋抄本者，以明此所影者爲宋本，當然此抄本非即宋本也。此亦其例，蓋謂所據校者爲宋本，而非謂此底本之即宋本也！此印爲陸氏所加，不可誤會其意。此其二。故此本決非宋刻。原文又據《持靜齋書目》，謂『或以爲元版』。案丁日昌持靜齋藏本後入上海涵芬樓，昔年曾從借讀，有王鐵夫（芑孫）手跋云：『云臺（阮元字）先生至杭，停泊胥江，過漚波舫，因出《管子》一書相贈。後同年黄蕘圃（丕烈）見之，云是元版，市中不可多得，紋三十兩，不爲價重，因重裝之。鐵夫記。』自有蕘圃元版一語，而誤者紛起，丁士涵[1]、戴望[2]、莫友芝[3]皆然，蓋以黃氏之精鑒爲可信也。實則黃氏所謂元版，即原版耳。《説文·一部》：『元，始也。』元與原爲同聲通借，《春秋繁露·重政篇》：『元猶原也。』劉熙《释名》：『原，元也。』是其證。『元來』曰『原來』，唐宋人多此語。意謂此書爲劉氏書之原版而非翻版，此所以不可多得也。後人不知此元爲元始之元，而誤爲宋元之元，於是明人著作而早有元代刻本，不等於『宋版《康熙字典》』之誚乎？黃氏決不謬誤至此。且黃蕘圃、王鐵夫安得不讀《四庫提要》而昧昧至此邪？故此本亦決非元刻。原文又據丁丙《善本書室藏書志》、陸心源《皕宋樓藏書志》，謂『或以爲成化本』。案此説較爲近似，丁氏、陸氏雖不言何所根據，然必從其刻手祇印等以鑒定之，《涵芬樓燼餘書録》亦同。成化之最後一年爲二十三年丁未（公元一四八七年），其次年即爲弘治元年戊申（公元一四八八年），劉績爲弘治三年庚戌進士，其書在早四五年付刻，事所可能。況成化末年與弘治初年之刻本，如不著明年號，本自不易分辨。愚以爲亦不妨推後十餘年作爲與《淮南子補注》同刻於弘治十四年辛酉（公元一五〇一年），故《千頃堂書目》卷十二：『劉績補注《管子》二十四卷，又補注《淮南子》二十八卷』，二書連舉也。十餘年前與傅增湘、鄧邦述、葉景葵三先生論《管子補注》各刻本，云『曾見不同數刻，有大字本，有中字本，其大字本較善，皆在中都本之前』。三先生往矣，無從質正。又恨不能一驗丁氏、陸氏、涵芬樓、北京圖書館諸藏本之異同何如耳。

（五）原文據朱熹《儀禮經傳通解》中收《弟子職》一篇，莊述祖謂『朱子所采舊注，間有與世所傳劉績《補注》同

①②見戴望《管子校正》。

③见《持靜齋藏書紀要》上。

者，不能剔出』。因謂『補注《管子》之劉績果爲明弘治間人，則南宋之朱熹何由采及其補注？由此可見，劉績之注如非勦襲前人，則此一劉績必非弘治間之彼一劉績』。案此一問題在《弟子職》注是朱熹勦襲劉績乎？抑劉績勦襲朱熹乎？愚以爲二者皆不得謂之勦襲，何邪？《弟子職》一篇，《漢書·藝文志》列入『孝經』，本爲單行，後來纔併入《管子》書中，所以《弟子職》自有舊注，雖不知爲何人所注，亦不見於《隋書·經籍志》、新舊兩《唐書·藝文》《經籍》兩志，然可决其爲隋唐以前人。汪遠孫《借閒随筆》云：『抄本《北堂書鈔·酒食部三》，引《弟子職》云：「左酒右漿」；注曰：「右漿，尚嗽也」。（陳禹謨本此條改引《禮記》）然則《弟子職》唐以前固有單行注本矣。』虞世南輯《北堂書鈔》在唐初而采及《弟子職》舊注，朱熹在南宋所采及者當亦即此《弟子職》舊注，故自言『参以衆説，補以注文』也。引莊述祖説，似謂莊氏亦疑朱熹勦襲劉注，然考莊氏原文，『不能剔出』作『不能復爲别出』。『别』之與『剔』，字形相近而義則絶遠，『不能復爲别出』者，謂朱注與劉注有同者，今不爲區别耳。若改作『剔』，則辭氣加强，便有朱注勦襲劉注而欲剔除之意，誤矣。殊不知劉績《補注》原名《集注》，見《江夏縣志》『藝文』『古跡』兩門。夫所謂『集注』者，集舊注可也。集朱熹注亦可也。不過明人著書不如清人之謹嚴，集前人注不著書名及作者姓名耳。自易『集注』爲『補注』，而後人遂不知其集朱熹注，反疑爲互相勦襲矣。

（六）郭先生謂十行二十一字無注本源出黄棉紙劉績本，其説是矣。然欲以『無注古本之古樸』，因而推證『黄棉紙劉績本或其底本不當出於弘治或其後』，更引安井衡、莫友芝之説爲證，則意仍爲維護劉績爲遼人而非明弘治時人耳。按黄棉紙劉績本之確爲明刻，已見前説。今更以安井衡、莫友芝之説觀之，莫友芝謂『似元明間刻』。加一『似』字，本未肯定。安井衡《管子纂詁》凡例：『昌平學有一本……檢校版式字樣，蓋元版也。』而於注中却稱爲『古本』。蓋亦不能肯定也。今既考得此本源出黄棉紙劉績本，則正可定此本必出於弘治以後。傅增湘《雙鑑樓善本書目》：『《管子》二十四卷，明正嘉間刊本，十行二十一字。』當即此無注本，其定爲正德、嘉靖時刊者，正承弘治之後耳，其説爲可信。不僅可知黄棉紙劉績本之刻於弘治時，並可推得安正書堂本之癸巳，當爲萬曆二十一年之『癸巳』。敝篋亦有十行二十一字無注本，爲兩部拼配，前半爲初印，後半已後印，字跡略有模糊，既有後印之本，可知當時流行並不太少，自正嘉越八九十年至萬曆癸巳始須重刊，亦合於事理。至安正書堂本之古樸，則由於覆刻正嘉本，故亦古樸近似正嘉刻，而與一般萬曆刻本不同，此所以冒廣生先生不能定此『癸巳』爲嘉靖抑萬曆，顧廷龍《明版本圖録》逕定爲嘉靖也。

（乙）肯定爲遼開泰時之吏部尚書劉績者

（一）原文肯定《管子補注》作者之劉績爲遼開泰時之吏部尚書者，其姓名除見《遼史·百官志》外，別無他證。今考《遼史·聖宗紀》並不著吏部尚書劉績之名。此或史有缺漏。倪燦補《遼、金、元藝文志》、厲鶚《補遼經籍志》、錢大昕《元藝文志附見遼、金》、金門詔《三史藝文志》、繆荃孫《遼藝文志》、王仁俊《遼藝文志補證》、黄任恒《補遼史藝文志》。及繆荃孫《遼文存》、王仁俊《遼文萃》、黄任恒《遼文補録》，陳述《遼文匯》皆不見其姓名。此或出於後人掇拾，不無遺逸。然其人雖官吏部尚書，並不一定有著作才，已可概見，不過與補注《管子》之劉績姓名偶同而已。原文欲證實劉績爲遼人，歷舉注中引用《唐韻》與全書避『遼』『金』『宋』帝諱爲説，今細案之，似皆不然。

（二）《管子·地員篇》劉績《補注》引用《廣韻》。原文謂『劉既引及《廣韻》，則説劉爲遼聖宗時人，似有問題』。案《廣韻》重修於宋景德四年，而刊行在景德、大中祥符間。又四年而開泰元年，其書已流傳至遼，本是可能。又劉績雖在開泰元年官吏部尚書，其著書固不限於是年，儘可推後。然則劉績之得引用重修《廣韻》，更爲可能。以愚觀之，假使補注《管子》之劉績而果爲遼人，其引用《廣韻》，本不成問題。而問題乃在原文所引《管子·地員篇》《廣韻》《龍龕手鑑》欲以證實劉績爲遼人者而反無一不誤！原文云：『《地員篇》「赤壤嶅山十七施」劉績《補注》云：「績按：嶅（原誤作施），吾高切，廣韻，俊健也。」』案宋紹興浙刻本（楊忱本）、紹興墨寶堂本以下各本，正文皆作『赤壤𠢕山十七施』，作『𠢕』不作『嶅』。惟張佩綸《管子學》據《説文》校當作『嶅』，今未舉張説而逕改爲嶅，則讀者不知所據爲何本。注中『施』之誤文，校正甚是，但亦當作『𠢕』。原文又云：『查《廣韻》，並無「嶅，吾高切，俊健也之文」。』誠然，澤存堂本、《古逸叢書》本《廣韻》六豪『五勞切，嶅』下注『山多小石』，並無『俊健也』之文。而『胡刀切，𠢕』字下注則明是『俊健』二字，但無也字耳。且『吾高切』三字，補注本不列入《廣韻》下也。原文又云：『遼人《龍龕手鑑》卷三《力部》，「𠢕音毫，俊健也」。音義與此同。』案《力部》中何以有『嶅』字，已爲可疑。今《四部叢刊》影印宋刻本《龍龕手鑑》卷四①《力部》第廿三：『𠢕音毫，後健也。』又明是『𠢕』而非『嶅』，但『俊』作『後』，爲形近之誤耳。原文又云：『劉績辅注之「廣韻」，當爲「唐韻」之誤，《龍龕手鑑》亦根據「唐韻」立説也。』又於《地員篇》集校加案云：『《廣韻》無「𠢕」字，殆「唐韻」之誤。』(『𠢕』又作『𠢕』，殆係誤植）此則似未檢《廣韻》而云然。意若遼人引書，必用遼人著作，乃展轉牽合至《龍龕手鑑》，庶可爲劉績遼人之確證，其實『唐韻』亦非遼人著作也。

（三）劉績已爲明代人，則其所著書之刻本不得早於明代明矣。原文據北京圖書館所藏之《補注》本，因『刻本粗率，多用簡筆字』而謂『顯係翻刻』。則原刻未必一定精美，翻刻亦未必一定粗率，簡筆字即就紹興浙刻本（楊忱本）而論，

---

① 《龍龕手鑑》原本四卷，今宋刻本三、四兩卷誤并，力部實在卷四中。

亦頗不乏，未可據此爲鑒别定律。且黄丕烈已鑒定『是元版』，則似非翻刻（説見前）。又謂『如爲劉氏原刻，不至毫無序記』。則古書之無作者序記者，古今以來，亦頗不乏。愚嘗疑《管子補注》之第一刻本，可能與《淮南子補注》同刻於弘治辛酉，如趙用賢《管韓合刻》之例，已見前説。彼本既有弘治辛酉識語，不必此本有序記而始知其刊刻年代也。原文又謂：『書中有「遼諱」「金諱」「宋諱」，因遼人著書入金翻刻，金本入宋再被翻刻，金人或宋人翻刻時出於敵愾而剔去其序記耳。』今姑勿論遼金諱字之説，誤於任林圃，（説詳下）而學術性之著作，何由有敵愾而必剔去其序記？且既翻刻其注而獨剔去其序記，何故不敵愾其注而獨敵愾其序記邪？其意或本於沈括之説而推衍之，《夢溪筆談》卷十五云：『幽州僧行均集佛書中字爲切韻訓詁凡十六萬字，分四卷，號「龍龕手鏡」，燕僧智光爲之序，甚有詞辨。契丹重熙二年集。契丹書禁甚嚴，傳入中國者法皆死。熙寧中，有人自虜中得之，入傅欽之家。蒲傳正帥浙西，取以鏤版，其序末舊云重熙二年五月序，蒲公削去之。觀其字音韻次序，皆有理法，後世殆不以其爲燕人也。』無論沈氏之誤，晁公武及《四庫提要》已駁正之[1]，就文而言，蒲之削去重熙序，乃由契丹書禁之嚴，初不爲敵愾故也。況今宋刻《龍龕手鑑》統和十五年僧智光序猶赫然在首邪。因之而創金人、宋人翻刻之説，然《管子補注》之遼刻、金刻、宋刻本，何從未見於著録，今皆未之傳邪？

（四）劉績《補注》本中有『遼諱』『金諱』『宋諱』之説，初聞頗爲驚奇，本書末附任林圃所輯考，所舉例證極詳，然細核之，其所舉之字，悉爲唐宋以來俗字，並非所謂『遼諱』『金諱』，其『宋諱』則出於沿用宋刻本耳。可疑者，郭先生

① 宋晁公武《昭德先生郡齋讀書志》卷一上：小學類，《龍龕手鑑》三卷。右契丹僧行均撰……僧智光爲之後題云：『統和十五年丁酉。』按《紀年通譜》：耶律隆緒嘗改元統和，丁酉，至道三年也。沈存中言：『契丹書禁甚嚴，傳入中國者，法皆死。熙寧中，有人自虜中得此書，入傅欽之家，蒲傳正帥浙西，取以刻版。其末題云：「重熙二年序。」蒲公削去之。』今本乃云統和，非重熙，豈存中不見舊題，妄記之耶？《四庫全書總目提要》卷四十一《龍龕手鑑》，今案此本爲影鈔遼刻，卷首智光原序尚存，其紀年實作統和，不作重熙，與晁公武所説合，知沈括誤也。

於書中簡筆字統計出五十四字之多，並舉『以余爲餘、以谷爲穀』等字爲例，而獨於任氏所謂諱字者，則不以爲簡筆字而除外，意亦爲堅劉績爲遼人之論據耳。今將任氏所舉各字略加考證，近來影印舊本益多，當可更廣求之。

（A）遼諱

賢字　遼景宗諱

㕟　㕟　案清初刻《目蓮記彈詞》、清嘉慶濟水太素軒刻《金瓶梅奇書前後部》，賢皆作㕟。㕟爲刻時脱去一筆耳。

隆字　遼聖宗諱

隆　案清初刻目蓮記彈詞同。

隆　隆　蔣氏密韻樓覆北宋本李賀《詩歌編》作隆。明陳士元《古今字略》，隆，俗。案隆字變體甚多，皆筆畫小異耳。《晉爨寶子碑》作隆，《魏比丘惠感造像記》作隆，《北齊天统五年造丈八像記》作隆，《北齊武平元年造像》作隆，與此皆相似。

（B）金諱

亶字　金熙宗諱　稟字上亩同。泰和六年例諱。

稟　案阮福覆宋刻《古列女傳》同

宗字　金睿宗諱　泰和九年例諱，依蘭亭作宋。

㝉　案《魏慈香造像記》同。

堯字　金睿宗諱。泰和六年例諱，從垚。

尭　案唐《干禄字書》，繆荃蓀影元鈔本《京本通俗小説》，明金陵富春堂刊《岳飛破虜東牕記》皆同。凡從堯者皆同。

允字　金顯宗諱　泰和六年例諱，允字只書斜畫，從允之字作兄。

綂　案明宣德本《嬌紅記》，明金陵富春堂刊《岳飛破虜東牕記》同。

劉績之事跡及著述在他書可徵者，附列如下：

（一）明過庭訓《本朝分省人物考》：

卷七十六：劉績，字用熙，江夏人。幼聰明不羈，貫穿羣籍，尤精於考究，凡所撰述，古雅沖淡，根極理要，負一時物望。弘治庚戌進士，歷吏部員外，補鎮江知府。所著有《禮記正訓》《蘆泉詩文集》。

（二）明朱睦㮮《萬卷堂書目》：

禮類：《三禮圖》二卷，劉績。

樂類：《六樂圖》二卷，劉績。

春秋類：《春秋左傳類解》二十卷，劉績。

（三）清黄虞稷《千頃堂書目》：

卷二：劉績《禮記正訓》。江夏人，字用熙，弘治庚戌進士，鎮江知府。

又：劉績《三禮圖》二卷。江夏人。

又：劉績《六樂圖》二卷。

又：劉績《春秋左傳類解》二十卷。號蘆泉，江夏人，弘治庚戌進士，鎮江知府。與山陰劉績别爲一人。

卷十一：劉績《太玄經注》。江夏人。

卷十二：劉績《補注管子》二十四卷，又《補注淮南子》二十八卷。江夏人。

卷二十一：劉績《蘆泉集》四卷。字用熙，江夏人，鎮江知府。

（四）清朱彝尊《經義考》：

卷五十一：劉氏績《周易正訓》。未見。自序……。《湖廣通志》：『績字□□，江夏人，弘治庚戌進士。』

卷一百三十七：劉氏績《喪服傳解》。未見。績自序曰：『……績承乏吏部，弘治甲子，太皇太后喪，因倡古反吉玄端爲兇衰服制，無漢以後附會說，大臣從之。尋守鎮江，治官三月，即歸杜門，成初志，内外徵不起……。』

卷一百四十四：劉氏績《禮記正訓》。未見。績自序曰：『……弘治甲子，遷鎮江，遂奏歸，成初志，僻居十三年，得以考訂其謬而爲説……。』

卷一百五十九：劉氏績《大學集注》一卷，未見。

卷一百六十五：劉氏績《三禮圖》二卷。存。績自序曰：『……績甚病之，既注《易》以究其原，又注《禮》以極其詳，顧力於他經不暇，故作此圖以總之……。』

卷二百：劉氏績《春秋左傳類解》二十卷。存。

曹溶曰：『劉氏《左傳類解》，莆田洪珠爲之序，晉藩刻之於寶賢堂。』

（五）清徐乾學《傳是樓書目》：

明劉績《春秋左傳類解》二十卷，十本；《三禮圖》二卷，一本。

（六）清徐秉義《培林堂書目》：

劉績《三禮圖》二卷，抄，二册。

（七）清《四庫全書總目提要》：

卷二十二：禮類，《三禮圖》四卷，明劉績撰。

績字用熙，號蘆泉，江夏人，弘治庚戌進士，官至鎮江府知府。

卷三十九：樂類存目，《六樂説》，無卷數，明劉績撰。

卷一百〇一：子部法家類，《管子補注》二十四卷，明劉績撰。

卷一百十七：子部雜家類，《淮南子》二十一卷，《提要》云：『……公武謂許慎注稱「記上」……蘆泉劉績又謂「記上」猶言「標題進呈」，並非慎爲之注。』

案劉績《淮南子補注》二十八卷，四庫失收，僅引見於此。

（八）清尹繼善《乾隆江南通志》：

卷一百〇四：職官志，鎮江府知府劉績，弘治。

案劉績官鎮江府知府，據《經義考》載《禮記正訓》《喪服傳解》自序，在弘治十七年甲子，三月即歸。

（九）清王廷楨《同治江夏縣志》：

卷二：疆土，古跡附，劉蘆泉讀書臺，在鹿泉山，蘆泉名績，明弘治庚戌進士，著《管子注》。

卷六：文苑，劉績字用熙，弘治庚戌進士，博治經史，與李獻吉齊名，相友善。歷吏部員外，出知鎮江府。著有《禮記正訓》《太玄注》《蘆泉詩文集》。以才名攖忌，晚年避跡岳陽。

卷八：藝文，劉績著《禮記正訓》《太玄注》《蘆泉詩文集》《管子集注》。

案志所載，疑出萬曆郭正域《江夏縣志》，故於劉績事跡獨詳。『古跡』『藝文』均著録《管子集注》，而『文苑』誤脱，蓋互有詳略，於績所著書尚未備。『集注』當爲『補注』之初名，中都本稱『增注』，則又出後改耳。稱『蘆泉詩文集』、稱『劉蘆泉』、稱『蘆泉名績』，則蘆泉之非地名，而注《管子》者即此江夏劉績，又得一確證。

（十）民國張仲炘《湖北通志》：

卷七十七：藝文，劉績著《周易正訓》（《經義考》）。《喪服傳解》（同上）。《禮記正訓》（同上）。《三禮圖》四卷（《明史・藝文志》《經義考》作二卷）。《春秋左傳類解》二十卷（《絳雲樓書目》，《嘉慶志》引《四庫存目》，今通行本《四庫提要》無之）。《大學集注》一卷（《經義考》）。《六樂圖説》（《江夏志》，按《明史・藝文志》作《六樂圖》二卷，《嘉慶志》因之，《四庫存目》作《六樂説》，無圖字）。《管子補注》二十四卷（《嘉慶志》）。《太玄注》（《江夏志》）。《蘆泉集四卷》（《千頃堂書目》）

卷一百二十：選舉表，弘治二年己酉科曾大有榜舉人，劉績。弘治三年庚戌科錢福榜進士，劉績。江夏人，鎮江府知府，有傳。

卷一百五十一：人物，文學傳：劉績，字用熙，一字蘆泉，江夏人，弘治庚戌進士，歷官鎮江府知府。績凡所撰述，根極理要，貫穿羣籍，著有《禮記正訓》《三禮圖》《六樂説》《管子補注》《蘆泉詩文集》。（分省人物考）（四庫全書總目）

（十一）清丁宿章《湖北詩徵傳略》：

卷一：『江夏。劉績，字用熙，弘治進士，官知府，有《禮記正訓》《蘆泉詩文集》。績博洽經史，與李獻吉齊名，相友善。著述淹貫羣籍，根極理要。』

* * *

校書之事，在備有衆本，今《管子集校》一書，可謂具此條件矣。考陸心源《皕宋樓藏書志》卷四十二：《管子》有『元刊細字本，撰人無考』。所謂撰人，當指作注之人。如於尹知章、劉績二人外，尚有他人之注，真爲元刻而著録無誤者，則誠爲世間未有之至寶。皕宋樓藏書今在日本岩崎氏静嘉堂，校理《管子》之業，不可不得此一勘也。

原載《學術月刊》一九五七年第六期

圖書在版編目（CIP）數據

管子校釋/王欣夫撰；李慶編．--上海：復旦大學出版社，2025.3. --（王欣夫先生遺稿）．--ISBN 978-7-309-17739-8

Ⅰ.B226.15

中國國家版本館CIP數據核字第202456GG59號

管子校釋

王欣夫 撰　李　慶 編

出版發行　復旦大學出版社
上海市國權路五七九號　郵編：二〇〇四三三
八六—二一—六五一〇二五八〇（門市零售）
八六—二一—六五一〇四五〇五（團體訂購）
八六—二一—六五六四二八四五（出版部電話）
fupnet@fudanpress.com　http://www.fudanpress.com

責任編輯　顧　雷

印　　刷　上海盛通時代印刷有限公司
開　　本　八九〇×一二四〇　十六分之一
印　　張　二一點五
字　　數　二七三千
版　　次　二〇二五年三月第一版
印　　次　二〇二五年三月第一版第一次印刷

書　　號　ISBN 978-7-309-17739-8/B・823
定　　價　叁佰玖拾圓